SUTTON
VERLAG

Sagen & Legenden

Hubertus Hagemeier

SAGENHAFTES
LIPPERLAND

SUTTON
VERLAG

Impressum

Sutton Verlag GmbH

Hochheimer Straße 59

99094 Erfurt

www.suttonverlag.de

Druck: Books on Demand GmbH, Norderstedt, Deutschland

Gestaltung: Sutton Verlag

Lektorat: Manuela Winkler

ISBN 978-3-95400-075-3

INHALTSVERZEICHNIS

1.

EINFÜHRUNG

Dieses Buch möchte in erster Linie denjenigen Märchen, Sagen und Geschichten Raum geben, die bisher kaum Beachtung in den Publikationen zu diesem Thema gefunden haben. Um aber einen möglichst alle Landesteile Lippes umfassenden Überblick zu geben, habe ich – dort, wo es angezeigt schien – auch altbekannte Texte eingefügt. Bei einigen Sagen ist die Eingrenzung auf das heutige Lipperland schwierig, da sie durch die handelnden Personen eine überregionale Bedeutung haben. Bei der Vielzahl der literarischen Quellen musste ich mich zwangsläufig beschränken, um nicht den Rahmen des Buches zu sprengen. Es ist meine Absicht, den Leser neugierig zu machen und anzuregen, den Fundus heimatlicher Überlieferungen selbst zu entdecken. Mir jedenfalls ist es bei meiner Reise in die Welt der fantastischen Geschichten dieses Landstrichs so ergangen.

Märchen und Sagen sind kleine, literarisch wenig anspruchsvolle Geschichten, die über einen sehr langen Zeitraum im einfachen Volk zunächst mündlich überliefert wurden. Dabei wandelten sich Form und Inhalt von Generation zu Generation. Ursprünglich waren die Geschichten nicht explizit für die Unterhaltung und Erziehung von Kindern bestimmt. Sie hatten in erster Linie die Funktion, geschichtliche oder mythisch-religiöse Gegebenheiten und Vorstellungen durch mündliche Überlieferung für die nachfolgenden Generationen zu erhalten. Mit Beginn der Romantik Anfang des 19. Jahrhunderts wurden diese Texte dann von den zeitgenössischen Schriftstellern, wie Ludwig Uhland, Clemens Brentano und Ernst Moritz Arndt, im Geist der Zeit als eine eigenständige Literaturgattung gesehen. Mit den Märchen- und Sagensammlern, die bekanntesten sind Jacob und Wilhelm Grimm sowie Ludwig Bechstein, fanden diese Geschichten dann über die Verschriftlichung in Buchform ihren Weg zu weiten Teilen der Bevölkerung. Damit endete die Tradition der mündlichen Überlieferung, die den erzählten Text von Generation zu Generation stetig der jeweiligen Zeit anpasste, für immer. Die Sagen und Märchen wurden fixiert, in eine feste, dauerhafte Form gebracht, die nur noch wenig Raum für eigene Ausschmückungen und Fantasie bot. Obwohl die meisten Märchen- und Sagensammler erklärten, die Geschichten als Volksüberlieferung und Volksgut ohne Veränderungen aufgeschrieben zu haben, wissen wir heute, dass jeder Herausgeber mehr oder weniger umfangreiche Bearbeitungen der Texte vorgenommen hat. So wurden die Märchentexte der Brüder Grimm von Auflage zu Auflage weiter überarbeitet, teilweise auch in einem „verniedlichenden“ Stil umgeschrieben und mit christlicher Moral versehen. Die Grimms reagierten damit auf die Kritik, die Märchen wären nicht „kindgerecht" und wirkten zu wenig im Sinne eines Erziehungsbuches auf die Jugend. So feilten die Brüder Grimm, ab der zweiten Auflage fast ausschließlich Wilhelm, ständig an den Texten und keine Auflage in ihrem Textbestand gleicht der anderen. Aber trotz all dieser Veränderungen sind auch heute noch die ursprünglichen Kernaussagen mythischer und geschichtlicher Überlieferung in den Märchen und Sagen durch den Nebel der zeitlichen Dimension und der literarischen Überarbeitungen zu erkennen. Im Laufe der Zeit entdeckten dann auch die Sozialwissenschaften, insbesondere Psychologen und Pädagogen, die Märchen für ihre Fachgebiete. So nutzte C.G. Jung die Weisheit der Märchen zur Erforschung menschlicher Sehnsüchte und Abgründe. Bruno Bettelheim und Verena Kast erkannten die Bedeutung für die Persönlichkeitsentwicklung des Menschen und setzten Märchen neben der erklärenden Funktion auch als therapeutisches Mittel in ihrer Arbeit ein. Heute gibt es eine Vielzahl von Deutungsmustern und Methoden, die die offenbar vorhandene Kraft der Märchen zur Wirkung bringen können. Doch trotz aller wissenschaftlicher Forschung bewahren die Volksmärchen und auch die Sagen bis heute Geheimnisse, die mit dem Verstand allein nicht fassbar sind. Das ist nicht verwunderlich, führen doch die Wurzeln der Erzählungen bis weit in die Zeit zurück, in der das Denken und Handeln der Menschen stark von Intuition, Spiritualität und Glauben geprägt war. Die Märchenmotive können bis in die Altsteinzeit zurückverfolgt werden. Die Fülle an bildlichen und figürlichen Darstellungen, die die Archäologie aus dem Dunkel der Steinzeithöhlen ans Licht gebracht hat, spricht eine eigene, für uns heutige Menschen oft nicht mehr verständliche Sprache. Es gibt somit viele Indizien, die zeigen, dass bereits in der Geburtsstunde des modernen Menschen märchenhafte Geschichten eine wichtige Funktion in dessen Lebensalltag hatten.

Wie lassen sich die Begriffe „Märchen" und „Sage" unterscheiden?
„Märchen" ist der Begriff für eine Literaturgattung, bei der es sich um kurze Erzählungen, ausgeschmückt mit wunderbaren Elementen, handelt. Sie können meistens nicht einem Ort oder einer Region zugeordnet werden. Sie wirken in erster Linie durch eine allgemeingültige Botschaft und auch die Urheber bleiben daher häufig unbestimmbar. Im Vergleich zu den Sagen haben Märchen ein höheres Alter und sind auch geografisch weiter verbreitet. Das Wort „Märchen" hat seine Wurzel im mittelhochdeutschen „maere", was so viel wie „Kunde", „Bericht" oder „Nachricht" bedeutet. In der deutschen Literatur taucht dieser Begriff zu Beginn des 13. Jahrhunderts im mittelalterlichen Heldenepos des Nibelungenliedes auf.

„Sagen" sind Geschichten, die stets an reale Gegebenheiten anknüpfen, diese fantasievoll ausgestalten und sie ins Wunderbar-Fantastische steigern. Sie stehen meist in einem engen Zusammenhang mit einem geschichtlichen Ereignis. Volkssagen sind stilistisch und sprachlich eher anspruchslos und häufig in Mundart verfasst. Gekennzeichnet werden solche Sagen zum Teil durch ihre dämonischen oder magischen Elemente, die Zeugnis des bis in die neuere Zeit weitverbreiteten Aberglaubens sind. Natursagen basieren auf der Erzählung von seltsamen Naturerscheinungen oder Ereignissen, die in Ermangelung rationalen Wissens auf fantastische oder dämonische Weise erklärt und gedeutet werden. Grundsätzlich aber steht der Realitätsanspruch einer Sage über dem eines Märchens. Auch Sagenstoffe sind oft weitverbreitet. Ihre Darstellung wird dann den örtlichen Gegebenheiten und Besonderheiten angepasst.

Sowohl die Märchen als auch die Sagen sind Zeugnisse uralter mythischer Vorstellungen sowie der Weltsicht und Welterklärung der jeweiligen Epoche. Darüber hinaus haben beide Erzählformen für die Menschen immer eine Unterhaltungs- und Belehrungsfunktion. Denn in der Frühgeschichte und im Mittelalter gab es für den größten Teil des einfachen Volkes nur das gesprochene Wort als Unterhaltungs- und Informationsmedium, da nur wenige Menschen des Lesens und Schreibens mächtig waren.

2.

KURZE GESCHICHTLICHE EINFÜHRUNG UND BESONDERHEITEN DES LANDES LIPPE

Die Region, die heute als Lipperland bezeichnet wird, hat eine lange und in vieler Hinsicht bewegte Geschichte. Im Laufe der Jahrtausende hat sie viele Völkerschaften kommen und gehen sehen. Immer ist ein wenig von deren Kultur und Eigenart „hängen geblieben" und prägte so über die Zeiten den Charakter der hier lebenden Menschen mit.

Bereits in der Altsteinzeit durchstreiften hier Menschen, die der Kulturstufe der Jäger und Sammler angehörten, das Land auf der Suche nach Wild und Früchten, die ihnen das Überleben in einer damals kargen, kalten Landschaft sicherten. Später, in der Jungsteinzeit, wurden sie von den ersten Ackerbauern verdrängt, die aus Südosten in die Region einwanderten und eine vollkommen andere Lebensweise und Kultur mitbrachten: Die Menschen wurden sesshaft und betrieben eine Vorratswirtschaft, die auf der Grundlage der Landwirtschaft aufgebaut war. Dies bedeutete einen sprunghaften technischen Fortschritt und eine gesellschaftliche Ausdifferenzierung in Form einer ständischen Gemeinschaft. Hier liegen auch die Wurzeln des Adels als Herrscherklasse.

Die Bevölkerungszahl stieg und das später aufkommende Metall wurde vielfältig genutzt. Es diente verschiedenen Zwecken: als Schmuck, als Statussymbol, als Werkzeug zur Nahrungsgewinnung und nicht zuletzt für die Kriegführung. Eine besondere politisch-militärische Rolle spielten das Lipperland und die Weserregion dann in germanisch-römischer Zeit, als hier im Gebiet der mittleren Weser die Cherusker unter ihrem Führer Arminius im Jahr 9 n.Chr. drei Legionen des römischen Feldherrn Varus vernichteten. Dieses Ereignis leitete das Ende der römischen Expansion in Germanien ein. Im Zuge der Völkerwanderung bildeten sich aus den bisherigen regionalen Kleinstämmen schließlich große Volksgruppen wie beispielsweise die der Sachsen. Diese gelangten dann im Verlauf ihrer Expansion nach Süden bis in den Diemelraum und siedelten dauerhaft in unserer Region. Während der Sachsenkriege Karls des Großen (772–804), die mit dem Ziel der Christianisierung des Sachsenlandes geführt wurden, aber auch der territorialen Machterweiterung des Frankenreichs dienten, traten in unserer Region erstmalig die Ostfalen, Engern und Westfalen als Teilstämme der Sachsen in das Rampenlicht der Geschichte. Das Herzstück des sächsischen Stammesverbandes war die Herrschaft Engern, die den mittleren Teil des sächsischen Siedlungsgebietes von der mittleren Weser, vom Zufluss der Diemel flussabwärts bis Bremen, im Südwesten den Raum um Korbach und Medebach und im Nordosten das Gebiet der unteren Aller und Leine umfasste. Engern stellte aber auch eine politische Einheit dar. Nach der fränkischen Eroberung wurde die bisherige Stammesverfassung im Sachsenland durch die fränkische Reichsverfassung ersetzt, die im Lauf der Jahrhunderte die Grundlage für die heutige politische Organisation des Landes bildete.

Das Entstehen und Werden der Herrschaft Lippe fällt in das 12. Jahrhundert, als zahlreiche Grafen- und Edelherrengeschlechter, begünstigt durch die Schwächung der kaiserlichen Position im Reich, begannen, dynastische Eigeninteressen zu entwickeln. Zu diesen Geschlechtern gehörten neben den Grafen von Schwalenberg, von Sternberg, von Everstein und von Schaumburg auch die Edelherren zur Lippe. Die nach 1115 mit Namen bzw. Herkunftsbezeichnungen auftretenden Grafen und Edelherren ließen erkennen, dass sie sich jetzt räumlich gebunden fühlten und ihre Stammsitze als Ausgangspunkte ihrer territorialen Bestrebungen verstanden. Darüber hinaus trug die jeweils eigene Politik der zu Engern gehörenden Bischofssitze Paderborn, Minden, Verden und Bremen zusätzlich zum politischen Zerfall Engerns bei.

Hier beginnt nun der „märchenhafte" Aufstieg des Hauses Lippe, den ich passend zu diesem Buchthema im Stil eines kleinen Märchens kurz skizzieren möchte:

Es war einmal ein edler Herr, Bernhard II. zur Lippe genannt. Der lebte zur Zeit des großen Kaisers Barbarossa an einem Fluss namens Lippe im Herzen Westfalens. Er war ein treuer Gefolgsmann seines mächtigen Lehnsherrn Heinrich, genannt „der Löwe", Herzog von Sachsen und Bayern. Als dieser nun wegen seines Machtstrebens mit dem Kaiser in Streit geriet, hielt Bernhard II. fest zu seinem Herrn und folgte diesem sogar ins englische Exil. Als der Konflikt schließlich beigelegt werden konnte – woran der Edelherr offenbar maßgeblichen Anteil hatte – erhielt er vom Kaiser die Erlaubnis, dort eine Stadt gründen zu dürfen, wo er seinen Burgsitz hatte. So entstand im Jahr 1185 die Stadt Lippstadt.

So märchenhaft diese Geschichte auch beginnt, die weitere Entwicklung der Herrschaft derer „zur Lippe" wurde über die Jahrhunderte zu einer Erfolgsstory. Im Laufe der Zeit verlagerte sich durch die Übertragung von Lehen und durch Landkauf das Herrschaftsgebiet in die Region, die heute als Lipperland bezeichnet wird. Zwischen Lippischem Wald und Weser, im Lippischen Bergland, entstand in der Folgezeit kontinuierlich eine Landesherrschaft, die ihre Eigenheiten und Privilegien auch nach dem Ende der Fürstenherrschaft bis 1945 bewahren konnte. Die Geschichte Lippes ist in Deutschland einzigartig, da das kleine Land, in zentraler Lage zwischen den jeweiligen Großmächten gelegen, immer seine politische Unabhängigkeit bewahren konnte.

Das älteste Zeugnis des Adelsgeschlechts der Edelherren zur Lippe findet sich jedoch nicht direkt in Lippstadt, sondern an einem nur wenig entfernt liegenden Ort: im Ortsteil Cappel. Hier befindet sich das Stift Cappel, ein ehemaliges Frauenkloster, das um 1140 gegründet wurde, als sich an diesem Ort ein Frauenkonvent unter Leitung eines Propstes niederließ. Es waren wahrscheinlich Kanonissen, die 1131 aus dem nahe gelegenen Kloster Liesborn vertrieben wurden. In einer Urkunde aus dem Jahr 1196 wird das Kloster als „Ancillae Dei in Capella" genannt. Die genauen Umstände der Klostergründung sind nicht bekannt. Die Grundausstattung des Klosters stammte jedoch aus dem Besitz der Edelherren zur Lippe, die hierdurch, noch vor der Stadtgründung

Lippstadts und dem Wirken des Edelherrn Bernhard II. zur Lippe, als Adelsgeschlecht in dieser Region nachgewiesen werden konnten.

Nachdem die Edelherren zur Lippe mit Beginn der Neuzeit zum protestantischen Glauben übergetreten waren, vollzog sich ab 1571 in einigen Schritten auch die Umwandlung des Klosters in ein freiweltliches protestantisches Damenstift. 1588 wurde dieser Prozess endgültig abgeschlossen. Erst 1971 löste der Landtag Nordrhein-Westfalens das Stift auf. Gleichzeitig wurde es mit dem Damenstift St. Marien in Lemgo zusammengelegt.

Die Burg Lipperode, die erstmals im Jahr 1248 in einer Urkunde des Klosters Liesborn erwähnt wurde, ist nicht die Stammburg der Edelherren zur Lippe. Diese zu späte Zeitstellung wurde auch durch archäologische Ausgrabungen bestätigt. Die Anlage wurde als eine Wasserburg in der Lippeniederung, an einer Furt durch die Lippe gebaut und hatte wohl in erster Linie eine Kontroll- und Schutzfunktion. In den militärischen Auseinandersetzungen mit dem Kölner Erzbischof und auch in anderen Fehden konnte sich die Burg als lippisches Bollwerk behaupten.

3. MÄRCHEN, SAGEN UND GESCHICHTEN AUS LIPPSTADT UND DEM LIPPERLAND

Jede der nachfolgenden Geschichten und Sagen legt ein wertvolles kulturgeschichtliches Zeugnis ab über die damaligen politischen Gegebenheiten und über die Lebensverhältnisse der Menschen mit all ihren Denkweisen und Vorstellungen.

3.1 MÄRCHEN AUS LIPPE

In den wenigsten Fällen ist es möglich, Märchen Orten zuzuordnen oder Angaben zu den Autoren zu machen. Im Fall der Märchensammlung der Brüder Grimm gibt es diesbezüglich allerdings Hinweise, die die Brüder Grimm selbst in ihren Erläuterungen zu den „Kinder- und Hausmärchen" festgehalten haben. Für die in diesem Buch vorgestellten Märchen „ Das Lämmchen und Fischchen" und „De drei Vügelkens" nennen die Brüder Grimm ausdrücklich die Herkunft „aus dem Fürstenthum Lippe" bzw. aus den Dörfern um den Köterberg. In beiden Fällen wurden ihnen die Geschichten von Angehörigen der Familie von Haxthausen zugetragen, die sich die Geschichten vor Ort von Menschen „aus dem Volk" erzählen ließen, sie anschließend aufschrieben und an die Brüder Grimm weiterleiteten. Allein diese Vorgehensweise lässt vermuten, dass an den Texten mehrfach literarische Eingriffe stattgefunden haben und sie damit – entgegen der Bemerkung der Brüder Grimm, diese seien als ursprüngliches, unverändertes Volksgut anzusehen – durchaus bearbeitet worden sind. Doch trotz dieser Einschränkung tragen die Märchen viele Elemente aus „der alten Zeit" hinüber in die Gegenwart.

Das Märchen „Das Lämmchen und Fischchen" der Brüder Grimm gebe ich hier in der Originalversion der Erstauflage der „Kinder- und Hausmärchen" aus dem Jahr 1815 (Band 2) wieder. Auffallend ist, dass der Abzählreim in plattdeutscher, der restliche Teil in hochdeutscher Sprache verfasst ist. Inhaltlich geht es hier um die Themenbereiche „Geschwisterliebe", „böse Stiefmutter" und „Sieg des Guten über das Böse".

Das Lämmchen und Fischchen

Es war einmal ein Brüderchen und Schwesterchen, die hatten sich herzlich lieb, ihre rechte Mutter war aber todt und sie hatten eine Stiefmutter, die war ihnen nicht gut und that ihnen heimlich alles Leid an. Es trug sich zu, dass die zwei mit andern Kindern auf einer Wiese vor dem Haus spielten, und an der Wiese war ein Teich, der ging bis an die eine Seite vom Haus. Die Kinder liefen da herum, kriegten sich und spielten Abzählens:

„Enecke, Benecke, lat mie liewen,
will die ock min Vügelken giewen.
Vügelken sall mie Strau söken,
Strau will ick den Köseken giewen,
Köseken sall mie Melk giewen,
Melk will ick den Bäcker giewen,
Bäcker sall mie'n Kocken backen,
Kocken will ick den Kätken giewen,
Kätken sall mie Müse fangen,
Müse will ick in'n Rauck hangen
un will se anschnien."

Dabei standen sie in einem Kreis und auf welchen nun das Wort „anschnien" fiel, der musste fortlaufen, und die andern liefen ihm nach und fingen ihn. Wie sie so fröhlich dahinsprangen, sah's die Stiefmutter vom Fenster mit an und ärgerte sich. Weil sie aber Hexenkünste verstand, so verwünschte sie beide, das Brüderchen in einen Fisch und das Schwesterchen in ein Lamm. Da schwamm das Fischchen im Teich hin und her und war traurig und das Lämmchen ging auf der Wiese hin und her und war traurig und fraß nicht und rührte kein Hälmchen an. So ging eine lange Zeit hin, da kamen fremde Gäste auf das Schloss. Die falsche Stiefmutter dachte, jetzt ist die Gelegenheit gut, rief den Koch und sprach zu ihm: „Geh und hol das Lamm von der Wiese und schlacht's, wir haben sonst nichts für die Gäste." Da ging der Koch hin und holte das Lämmchen und führte es in die Küche, band ihm die Füßchen, das litt es alles geduldig, und wollt's abstechen. Wie er nun sein Messer herausgezogen hatte und auf der Schwelle wetzte, sah es, wie ein Fischlein in dem Wasser vor dem Gossenstein hin- und herschwamm und zu ihm hinaufblickte. Das war aber das Brüderchen, denn als das Fischchen gesehen hatte, wie der Koch das Lämmchen fortführte, war es mitgeschwommen im Teich bis zum Haus. Da rief das Lämmchen hinab:

„Ach Brüderchen im tiefen See!
Wie thut mir doch mein Herz so weh!
Der Koch der wetzt das Messer,
will mir mein Herz durchstechen!"
Das Fischchen antwortete:
„Ach Schwesterchen in der Höh:
Wie thut mir doch mein Herz so weh
in dieser tiefen See!"

Wie der Koch hörte, dass das Lämmchen sprechen konnte und so traurige Worte zu dem Fischchen hinabrief, erschrak er und dachte, es müsste kein natürliches Lämmchen seyn, sondern von der bösen Frau im Haus verwünscht. Da sprach er: „Sey ruhig, ich will dich nicht schlachten", nahm ein anderes Thier und bereitete das für die Gäste

Der Köterberg

und brachte das Lämmchen zu einer guten Bäuerin, der erzählte er alles, was er gesehen und gehört hatte. Die Bäuerin war aber gerade die Amme von dem Schwesterchen gewesen, vermuthete gleich, wer's seyn würde, und ging mit ihm zu einer weisen Frau. Da sprach die weise Frau einen Segen über das Lämmchen und Fischchen, wovon sie ihre menschliche Gestalt wiederbekamen und darnach führte sie sie beide in einen großen Wald in ein kleines Häuschen, wo sie zufrieden und glücklich lebten.

(BRÜDER GRIMM 1815)

Das nachfolgende Märchen „De drei Vügelkens" der Büder Grimm wird in seiner plattdeutschen Fassung ebenfalls aus der ersten Auflage der „Kinder- und Hausmärchen" des Jahres 1815 (Band 2) vorgestellt, um insbesondere die Bedeutung dieses mundartlichen Sprachdenkmals hervorzuheben. Der Märchenstoff und die weite Verbreitung des Märchens lassen auf eine sehr lange Tradition der Geschichte und ein hohes Alter schließen. Ein kleiner Seitenhieb der Brüder Grimm auf das Lipperland ist in ihren Erläuterungen zu den „Kinder- und Hausmärchen" versteckt: Sie weisen auf die Varianten dieses Märchens insbesondere in Italien und Arabien hin, begründen aber die Eigenständigkeit der deutschen Fassung damit, dass „... wiewohl schon jeder, der die Gegend kennte, wo es aufgenommen ist, überzeugt seyn würde, daß jene fremden Erzählungen niemals dorthin gelangt sind".

De drei Vügelkens

Et is wul dusent un meere Jaare hen, da wören hier im Lanne luter kleine Künige, da hed auck einer up den Keuterberge wünt (gewohnt), de gink sau geren up de Jagd. Ase nu mal mit sinen Jägern vom Schlotte heruttrok, höen (hüteten) unner den Berge drei Mäkens ire Köge (Kühe), un wie sei den Künig mit den vielen Lüen (Leuten) seien, so reip de ölleste den annern beiden Mäkens to un weis up den Künig: „Helo! Helo! Wenn ik den nig kriege, so will ik keinen!“ Da antworde de tweide up de annere Side vom Berge un weis up den, de dem Künige rechter Hand gink: „Helo! Helo! Wenn ik den nig kriege, so will ik keinen!“ Da reip de jüngeste un weis up den, de linker Hand gink: „Helo! Helo! Wenn ik den nig kriege, so will ik keinen.“ Dat wören averst de beiden Ministers. Dat hörde de Künig alles, un ase von der Jagd heime kummen was, leit he de drei Mäkens to sik kummen un fragete se, wat se da gistern am Berge sagd hedden. Dat wullen se nig seggen, de Künig frog averst de ölleste, ob se ün wol tom Manne hewen wulle. Da segde se ja, un ere beiden Süstern friggeten de beiden Ministers, denn se wören alle drei scheun un schir (klar, schön) von Angesicht, besunners de Künigin, de hadde Hare ase Flass.

De beiden Süstern averst kregen keine Kinner, un ase de Künig mal verreisen moste, let he se tor Künigin kummen, um se uptomunnern, denn se was grae (gerad) swanger. Se kreg en kleinen Jungen, de hadde 'n ritsch roen Stern mit up de Weld. Da sehden de beiden Süstern, eine tor annern, se wullen den hübsken Jungen in't Water werpen. Wie se 'n darin worpen hadden (ik glöve, et is de Weser west), da flügt 'n Vügelken in de Högte, dat sank:

„Tom Daude bereit,
Up wietern Bescheid
Tom Lilienstrus:
Wacker Junge, bist du's?“

Da dat de beiden hörten, kregen se de Angst up 'n Lieve un makten, dat se fortkeimen. Wie de Künig na Hus kam, sehden se to üm, de Künigin hedde 'n Hund kregen. Da segde de Künig: „Wat Gott deiet, dat is wole dahn!“

Et wunde averst 'n Fisker an den Water, de fiskede den kleinen Jungen wier herut, ase noch ewen lebennig was, un da sine Fru keine Kinner hadde, foerden (fütterten) s' en up. Na 'n Jaar was de Künig wier verreist, da kreg de Künigin wier 'n Jungen, den namen de beiden falsken Süstern un warpen 'n auck in't Water, da flügt dat Vügelken wier in de Högte un sank:

„Tom Daude bereit,
Up wietern Bescheid
Tom Lilienstrus:
Wacker Junge, bist du's?“

Un wie de Künig torügge kam, sehden se to üm, de Künigin hedde wier 'n Hund bekummen, un he segde wier: „Wat Gott deit, dat is wole dahn!“ Averst de Fisker trok düsen auck ut den Water un foerd 'n up.

Da verreisede de Künig wier, un de Künigin kreg 'n klein Mäken, dat warpen de falsken Süstern auck in't Water, da flügt dat Vügelken wier in de Högte un sank:

„Tom Daude bereit,
Up wietern Bescheid
Tom Lilienstrus:
Wacker Mäken, bist du's?“

Un wie de Künig na Hus kam, sehden se to üm, de Künigin hedde 'ne Katte kregt. Da worde de Künig beuse un leit sine Fru in't Gefänknis smieten, da hed se lange Jaare in setten.

De Kinner wören unnerdes anewassen, da gink de ölleste mal mit annern Jungens herut to fisken, da wüllt ün de annern Jungens nig twisken sik hewen un seggt: „Du Fündling, gaa du diner Wege.“ Da ward he gans bedrövet und fräggt den olen Fisker, ob dat war wöre. De vertellt ün, dat he mal fisket hedde un hedde ün ut den Water troken (gezogen). Da segd he, he wulle furt un sinen Teiten (Vater) söken. De Fisker, de biddet 'n, he mögde doch bliven, averst he let sik gar nig hallen, bis de Fisker et tolest togivt. Da givt he sik up den Weg un geit meere Dage hinner'nanner, endlich kümmt he vor 'n graut allmächtig Water, davor steit 'ne ole Fru un fiskede. „Guden Dag, Moer“, segde de Junge. – „Groten Dank.“ – „Du süst da wol lange fisken, e du 'n Fisk fängest.“ – „Un du wol lange söken, e du dinen Teiten findst. Wie wust du der denn da över't Water kummen?“, sehde de Fru. – „Ja, dat mag Gott witten!“ – Da nümmt de ole Fru ün up den Rüggen und dragt 'n derdörch, un he söcht lange Tiid un kann sinen Teiten nig finnen. Ase nu wol 'n Jaar veröver is, da trekt de tweide auck ut un will sinen Broer söken. He kümmt an dat Water un da geit et ün ewen so ase sinen Broer. Nu was nur noch de Dochter allein to Hus, de jammerde so viel na eren Broern, dat se upt lest auck den Fisker bad, he mögte se treken laten, se wulle ere Broerkes söken. Da kam se auck bie den grauten Water, da sehde se tor olen Fru: „Guden Dag, Moer!“ – „Groten Dank!“ – „Gott helpe ju bie juen Fisken.“ Ase de ole Fru dat hörde, da word se ganz fründlich un drog se över't Water un gav er 'n Roe (Rute) un sehde to er: „Nu gaa man jümmer up düsen Wege to, mine Dochter, un wenn du bie einen groten, swarten Hund vorbiekümmst, so must du still un drist un one to lachen un one ün antokicken vorbiegaan. Dann kümmest du an 'n grot, open Schlott, up 'n Süll (Schwelle) most du de Roe fallen laten un stracks dörch dat Schlott an den annern Side wier herutgahen; da is 'n olen Brunnen, darut is 'n groten Boom wassen, daran hänget 'n Vugel im Buer, den nümm af; dann nümm noch 'n Glas Water ut den Brunnen un gaa mit düsen beiden den sülvigen Weg wier torügge; up den Süll nümm de Roe auck wier mit, un wenn du dann wier bie den Hund vorbiekummst, so schlah ün in't Gesicht, averst sü to, dat du ün treppest, un dann kumm nur wier to mie torügge.“ Da fand se et grade so, ase de Fru et sagd hadde, un up den Rückwege, da fand se de beiden Broer, de sik de halve Welt dorchsöcht hadden. Se gink tosammen, bis wo de swarte Hund an den Weg lag, den schlog se in't Gesicht, da word et 'n schönen Prinz, de geit mit ünen bis an dat Water. Da stand da noch de ole Fru, de frögede sik ser, da se alle wier da wören, un drog se alle över't Water, un dann gink se auck weg, denn se was nu erlöst. De annern averst gingen alle na den olen Fisker, un alle wören froh, dat se sik wier funnen hadden, den Vügel averst hüngen se an der Wand.

De tweide Suhn kunne averst nig to Huse rasten un nam 'n Flitzebogen un gink up de Jagd. Wie he möe was, nam he sine Flötepipen un mackte 'n Stücksken. De Künig averst wör auck up de Jagd un hörde dat, da gink he hin, un wie he den Jungen drap, so sehde he: „We hett die verlövt, hier to jagen?“ – „O, neimes (niemand).“ – „Wen hörst du dann to?" – „Ik bin den Fisker sin Suhn." – „De hett ja keine Kinner." – „Wenn du't nig glöven wust, so kum mit." Dat dehe de Künig und frog den Fisker, de vertälle ün alles, un dat Vügelken an der Wand fing an to singen:

„De Möhme (Mutter) sitt allein
Wol in dat Kerkerlein.
O Künig, edeles Blod,
Dat sind dine Kinner god.
De falsken Süstern beide,
De dehen de Kinnerkes Leide,
Wol in des Waters Grund,
Wo se de Fisker fund."

Da erschraken se alle, un de Künig nam den Vugel, den Fisker un de drei Kinner mit sik na den Schlotte un leit dat Gefänknis upschluten un nam sine Fru wier herut, de was averst gans kränksch un elennig woren. Da gav er de Dochter von den Water ut den Brunnen to drinken, da war se frisk un gesund. De beiden falsken Süstern woren averst verbrennt, un de Dochter friggede den Prinzen.

(Brüder Grimm 1815)

In der Übersetzung lautet dieses Märchen wie folgt:

Die drei Vögelchen

Es ist nun schon tausend und mehr Jahre her, als es im Lande viele kleine Könige gab, so auch hier um den Köterberg. Der König ging für sein Leben gern auf die Jagd. Als er nun wieder einmal mit seinen Jägern aus dem Schlosse zog, hüteten unten am Berge drei Mädchen ihre Kühe. Beim Anblick des Königs und der vielen Gefolgsleute rief die Älteste den anderen beiden Mädchen zu und wies auf den König: „Helo! Helo! Wenn ich den nicht kriege, so will ich keinen!" Da antwortete die Zweite auf der anderen Seite des Berges und wies auf den, der an des Königs rechter Seite ging: „Helo! Helo! Wenn ich den nicht kriege, so will ich keinen!" Da rief die Jüngste und wies auf den, der linker Hand ging: „Helo! Helo! Wenn ich den nicht kriege, so will ich keinen!" Das waren aber die beiden Minister. Der König hörte das alles und als er von der Jagd heimgekommen war, ließ er die drei Mädchen zu sich kommen und fragte sie, was sie da gestern am Berg gesagt hätten. Das wollten sie nicht sagen und der König fragte zunächst die Älteste, ob sie ihn wohl zum Manne haben wolle. Da sagte sie ja und ihre beiden Schwestern heirateten die beiden Minister, denn sie waren alle drei schön und klar von Angesicht, besonders die Königin, die Haare wie Flachs hatte. Die beiden Schwestern bekamen jedoch keine Kinder, und als der König einmal verreisen musste, ließ er sie zur Königin kommen, um sie aufzumuntern, denn sie war gerade schwanger. Sie bekam einen kleinen Jungen, der hatte bei der Geburt einen knallroten Stern mitten auf der Stirn. Da sagten die beiden Schwestern zueinander, sie wollten den hübschen Jungen ins Wasser werfen. Als sie ihn nun hineingeworfen hatten (ich glaube, es ist die Weser gewesen), da flog ein Vögelchen in die Höhe und sang:

„Tom Daude bereit,
Up wietern Bescheid
Tom Lilienstrus:
Wacker Junge, bist du's?"

Als das die beiden hörten, bekamen sie große Angst um ihr Leben und machten, dass sie fortkamen. Als der König zurückkam, sagten sie zu ihm, die Königin hätte einen Hund geboren. Da sprach der König: „Was Gott tut, das ist wohl getan."

Es wohnte aber ein Fischer an dem Wasser, der fischte den kleinen Jungen wieder heraus, als er gerade noch lebendig war, und da seine Frau keine Kinder hatte, fütterten sie ihn durch. Nach einem Jahr war der König wieder verreist, da bekam die Königin wieder einen Jungen. Den nahmen die beiden falschen Schwestern und warfen ihn auch ins Wasser. Da flog das Vögelchen wieder in die Höhe und sang:

„Tom Daude bereit,
Up wietern Bescheid
Tom Lilienstrus:
Wacker Junge, bist du's?"

Und als der König zurückkam, sagten sie zu ihm, die Königin hätte wieder einen Hund geboren, und er sagte wieder: „Was Gott tut, das ist wohl getan." Aber der Fischer rettete auch diesen aus dem Wasser und fütterte ihn durch.

Da verreiste der König wieder und die Königin gebar ein kleines Mädchen, das warfen die falschen Schwestern auch ins Wasser, da flog das Vögelchen wieder in die Höhe und sang:

„Tom Daude bereit,
Up wietern Bescheid
Tom Lilienstrus:
Wacker Mäken, bist du's?"

Und als der König nach Hause kam, sagten sie zu ihm, die Königin hätte eine Katze geboren. Da wurde der König böse und ließ seine Frau ins Gefängnis werfen, wo sie lange Jahre einsaß.

Die Kinder waren unterdessen herangewachsen, da ging der Älteste einmal mit anderen Kindern hinaus zum Fischen. Die anderen wollten ihn nicht dabeihaben und sagten: „Du Findling, geh deiner Wege!" Darüber wurde er ganz betrübt und fragte den alten Fischer, ob das wahr wäre. Der erzählte ihm, dass er einmal gefischt und ihn dabei aus dem Wasser gezogen habe. Da sagte er, er wolle fort und seinen Vater suchen. Der Fischer bat ihn zu bleiben, aber er ließ sich nicht aufhalten, bis der Fischer schließlich nachgab. Da machte er sich auf den Weg und ging mehrere Tage hintereinander, bis er endlich an ein großes Gewässer kam, an dem eine alte Frau stand und fischte. „Guten Tag, Mutter", sagte der Junge. – „Vielen Dank!" – „Du wirst wohl noch eine Weile fischen, ehe du einen Fisch fängst." – „Und du wohl noch lange suchen, bis du deinen Vater gefunden hast; wie willst du denn über das Wasser kommen?", sagte die alte Frau. – „Ja, das weiß nur der liebe Gott!“ – Da nahm ihn die alte Frau auf den Rücken und trug ihn hinüber, und er suchte lange Zeit und konnte seinen Vater nicht finden. Als nun wohl schon ein Jahr vorüber war, da zog der Zweite auch hinaus, um seinen Bruder zu suchen. Er kam an das Gewässer und dort erging es ihm ebenso wie seinem Bruder. Nun war nur noch die Tochter allein zu Haus. Sie jammerte so stark nach ihren Brüdern, dass sie zuletzt auch den Fischer bat, er möge sie ziehen lassen, sie wolle ihre Brüder suchen. Da kam sie auch an das große Gewässer und sagte zu der alten Frau: „Guten Tag, Mutter!“ – „Vielen Dank!“ – „Gott helfe dir beim Fischen.“ Als die alte Frau das hörte, wurde sie ganz freundlich und trug sie durch das Wasser. Sie gab ihr eine Rute und sagte zu ihr: „Und geh nur immer diesen Weg lang, meine Tochter! Und wenn du an einem großen schwarzen Hund vorbeikommst, musst du still und unverzagt, ohne zu lachen und ohne ihn anzugucken, vorbeigehen. Dann kommst du an ein großes, weites Schloss. An der Schwelle musst du die Rute fallen lassen und direkt durch das Schloss hindurch an der anderen Seite wieder herausgehen. Dort ist ein alter Brunnen, aus dem ein großer Baum gewachsen ist. Daran hängt ein Vogelbauer mit einem Vogel darin. Den nimm ab, schöpfe noch ein Glas Wasser aus dem Brunnen und geh mit diesen beiden denselben Weg wieder zurück. Auf der Schwelle nimm die Rute auch wieder mit und wenn du dann erneut bei dem Hund vorbeikommst, so schlage ihn ins Gesicht, aber sieh zu, dass du ihn triffst, und dann komm' nur wieder zu mir zurück.“

Da fand sie alles so, wie die Frau es gesagt hatte, und auf dem Rückweg fand sie die beiden Brüder, die sich durch die halbe Welt gesucht hatten. Sie gingen zusammen, bis dorthin, wo der schwarze Hund am Weg lag. Den schlug sie ins Gesicht und es wurde aus ihm ein schöner Prinz, der mit ihnen bis zum Wasser ging. Dort stand noch die alte Frau, die sich sehr freute, dass alle wieder da waren, und trug sie alle durch das Wasser, und dann ging auch sie fort, weil sie nun erlöst war. Die anderen aber gingen alle zum alten Fischer. Alle waren froh, dass sie sich wiedergefunden hatten, den Vogel aber hängten sie an die Wand. Den zweiten Sohn hielt es jedoch nicht zu Hause und er nahm seinen Bogen und ging auf die Jagd. Als er müde wurde, nahm er seine Flöte und spielte ein Lied. Der König aber war auch auf der Jagd und hörte es. Da ging er hin und als er den Jungen traf, sagte er zu ihm: „Wer hat dir erlaubt, hier zu jagen?“ – „O, niemand.“ – „Wo gehörst du denn hin?“ – „Ich bin der Sohn des Fischers.“ – „Der hat ja keine Kinder!“ – „Wenn du es nicht glauben willst, so komm mit.“ Das tat der König und fragte den Fischer. Der erzählte ihm alles und das Vögelchen an der Wand fing an zu singen:

„De Möhme sitt allein
Wol in dat Kerkerlein.
O Künig, edeles Blod,
Dat sind dine Kinner god.
De falsken Süstern beide,
De dehen de Kinnerkes Leide,
Wol in des Waters Grund,

Wo se de Fisker fund."

Da erschraken sie alle und der König nahm den Vogel, den Fischer und die drei Kinder mit sich auf sein Schloss. Er ließ das Gefängnis aufschließen und schenkte seiner Frau die Freiheit wieder. Die Königin aber war vor lauter Entbehrung und Gram ganz krank und elend geworden. Da gab ihr die Tochter von dem Wasser aus dem Brunnen zu trinken und sie wurde frisch und gesund. Die beiden falschen Schwestern aber wurden verbrannt und die Tochter heiratete den Prinzen.

Das nun folgende Märchen „Die drei Spinnerinnen" hat in der hier vorgestellten Fassung seinen Ursprung im Fürstentum Corvey und stammt damit ebenfalls aus unserer Region. Es ist ein Märchen, das Paul Wigand aufgeschrieben hat und den Brüdern Grimm für ihre Märchensammlung zukommen ließ. Wigand war Jurist und Rechtshistoriker und ein guter Freund der Brüder Grimm. Er war eine Zeit lang als Friedensrichter in Höxter tätig. In der hier vorgestellten Form erschien das Märchen in der zweiten Auflage der „Kinder- und Hausmärchen" im Jahr 1819, hat aber einen Vorläufer bereits in der Erstauflage von 1812. Diese Variante wurde aus dem Hessischen überliefert. Der nachfolgende Text ist nach der Urfassung der zweiten Auflage wiedergegeben.

Die drei Spinnerinnen

Es war ein Mädchen faul und wollte nicht spinnen, und die Mutter mogte sagen, was sie wollte, sie konnte es nicht dazu bringen: Endlich übernahm die Mutter einmal Zorn und Ungeduld, dass sie ihm Schläge gab, worüber es laut zu weinen anfing. Nun fuhr gerade die Königin vorbei und als sie das Weinen hörte, ließ sie anhalten, trat in das Haus und fragte die Mutter, warum sie ihre Tochter schlüge, dass man draußen das Weinen hörte. Da schämte sich die Frau, dass sie die Faulheit ihrer Tochter offenbaren sollte und sprach: „Ich kann sie nicht vom Spinnen abbringen, sie will immer und ewig spinnen, und ich bin arm und kann den Flachs nicht herbeischaffen." „Ei", antwortete die Königin, „ich höre nichts lieber als spinnen und bin nicht vergnügter, als wenn die Räder schnurren; gebt mir eure Tochter mit ins Schloss, ich habe Flachs genug, da soll sie spinnen, so viel sie Lust hat." Die Mutter war's von Herzen gern zufrieden und die Königin nahm das Mädchen mit. Als sie ins Schloss gekommen waren, führte sie es hinauf zu drei Kammern, die lagen von unten bis oben voll vom schönsten Flachs. „Nun spinn mir diesen Flachs", sprach sie, „und wenn du es fertigbringst, so sollst du meinen ältesten Sohn zum Gemahl haben; bist du gleich arm, so acht ich nicht darauf, dein unverdrossener Fleiß ist Ausstattung genug." Das Mädchen erschrak innerlich, denn es konnte den Flachs nicht spinnen und wär's dreihundert Jahr alt geworden und hätte jeden Tag von Morgen bis Abend dabeigesessen. Als es nun allein war, fing es an zu weinen und saß so drei Tage, ohne die Hand zu rühren. Am dritten Tage kam die Königin und als sie sah, dass noch nichts gesponnen war, verwunderte sie sich, aber das Mädchen entschuldigte sich damit, dass es vor großer Betrübnis über die Entfernung aus seiner Mutter Hause noch nicht hätte anfangen können. Das ließ sich die Königin gefallen, sagte aber beim Weggehen: „Morgen musst du aber anfangen zu arbeiten."

Als nun das Mädchen wieder allein war, wusste es sich nicht mehr zu rathen und zu helfen und trat in seiner Betrübnis vor das Fenster. Da sah es drei Weiber herkommen, davon hatte die erste einen breiten Platschfuß, die zweite hatte eine so große Unterlippe, dass sie über das Kinn herunterhing, und die dritte einen breiten Daumen. Als sie vor dem Fenster waren, blieben sie stehen, schauten hinauf und trugen dem Mädchen ihre Hülfe an und sprachen: „Willst du uns zur Hochzeit einladen, dich unser nicht schämen und uns deine Basen heißen, auch an deinen Tisch setzen, so wollen wir dir den Flachs wegspinnen und das in kurzer Zeit." – „Ei, von Herzen gern", antwortete es, „kommt nur herein und fangt gleich die Arbeit an." Da ließ es die drei seltsamen Weiber herein und machte in der ersten Kammer eine Lücke, wo sie sich hinsetzten und ihr Spinnen anhuben. Die eine zog den Faden und trat das Rad, die andere netzte den Faden, die dritte drehte ihn und schlug mit dem Finger auf den Tisch, und so oft sie schlug, fiel eine Zahl aufs feinste gesponnenen Garns zur Erde. Vor der Königin verbarg sie die drei Spinnerinnen und zeigte ihr, so oft sie kam, die Menge des gesponnenen Garns, das diese nicht genug loben konnte. Als die erste Kammer leer war, ging's an die zweite, endlich an die dritte und die war auch bald zu Ende. Nun nahmen die drei Weiber Abschied und sagten zum Mädchen: „Vergiss nicht, was du uns versprochen hast, es wird dein Glück seyn."

Als das Mädchen der Königin die leeren Kammern und den Haufen Garn zeigte, richtete sie die Hochzeit aus und der Bräutigam freute sich, dass er eine so geschickte und fleißige Frau bekäme, und lobte sie gar sehr. „Ich habe drei Basen", sprach das Mädchen, „und da sie mir viel Gutes gethan, so wollte ich sie nicht gern in meinem Glück vergessen; erlaubt doch, dass ich sie zu der Hochzeit einlade und dass sie mit an dem Tisch sitzen." Die Königin und der Bräutigam gaben gern ihre Einwilligung. Als nun das Fest anhub, traten die drei Jungfern in wunderlicher Tracht herein, und die Braut sprach: „Seyd willkommen, liebe Basen." – „Ach", sagte der Bräutigam, „wie kommst du zu der garstigen Freundschaft?" Darauf ging er zu der einen mit dem breiten Platschfuß und fragte: „Wovon habt Ihr einen solchen breiten Fuß?" – „Vom Treten", antwortete sie, „vom Treten." Da ging der Bräutigam zur zweiten und sprach: „Wovon habt Ihr nur die herunterhängende Lippe?" – „Vom Lecken", antwortete sie, „vom Lecken." Da fragte er die dritte: „Wovon habt Ihr den breiten Daumen?" – „Vom Fadendrehen", antwortete sie, „vom Fadendrehen." Da erschrak der Königssohn und sprach: „So soll mir nun und nimmermehr meine schöne Braut ein Spinnrad anrühren!" Damit war sie das böse Flachsspinnen los.

(Brüder Grimm 1819)

3.2 SAGEN AUS LIPPSTADT, DER SENNE UND DEM TEUTOBURGER WALD

Lippstadt: Bernhard II. zur Lippe und die Ursprünge Lippes

In den überlieferten Urkunden werden die Brüder Hermann I. und Bernhard I. als Edelherren zur Lippe im Jahr 1123 erstmals genannt. Über ihre Herkunft ist aus den Geschichtsquellen, wie bei den meisten Adelsgeschlechtern jener Zeit, nur wenig bekannt. Sicher ist, dass sie am Ober- und Mittellauf der Lippe über umfangreichen Landbesitz verfügten. Die bedeutendste Person aus diesem Geschlecht im Hinblick auf seine Wirkungsgeschichte war später dann der Edelherr Bernhard II. zur Lippe, der um 1140 geboren wurde. Er war der Sohn Hermanns I. und der Neffe Bernhards I. Für Bernhard II. war zunächst eine geistliche Laufbahn vorgesehen und folglich besuchte er, wie es in diesen Fällen oft geschah, vermutlich die Domschule in Hildesheim. Durch diese Ausbildung erhielt er ein Wissen, wodurch er sich von anderen Adeligen seiner Zeit deutlich abhob. Im Jahr 1163 wurde er, nach dem Tod seines älteren Bruders Heinrich, der ursprünglich als Nachfolger im Amt vorgesehen war, zurück an die Lippe gerufen, um an seiner Stelle das Erbe des Vaters anzutreten. Zu diesem Zweck absolvierte er eine weitere Ausbildung, wahrscheinlich am Hofe Heinrichs des Löwen in Braunschweig, um die standesgemäßen ritterlichen Aufgaben kennenzuerlernen. Sein Amtsantritt ist für das Jahr 1167 belegt.

Trotz aller politischen Widrigkeiten entwickelte sich Bernhard II. während der Stauferzeit kontinuierlich zu einer der wichtigsten und einflussreichsten Persönlichkeiten in Westfalen. Seine Heiratspolitik, seine weitreichenden verwandtschaftlichen Beziehungen und das Erkennen der gegebenen reichspolitischen Machtverhältnisse,

Der Bürgerbrunnen in Lippstadt

Das Lippewehr in Lippstadt

die er geschickt für die eigenen Interessen nutzen konnte, schufen die Basis für die Entstehung einer Territorialherrschaft. Wie einigen anderen Adeligen auch war es ihm aufgrund des entstandenen Machtvakuums durch den Sturz des sächsischen Herzogs Heinrich des Löwen gelungen, sein Herrschaftsgebiet zu vergrößern und zu festigen. Im Zuge dieser Entwicklung kam es zu einer Vielzahl von Fehden, den Klein- und Kleinstkriegen des Mittelalters. Die politischen Erfolge des Adels wurden dabei immer auf Kosten der Bevölkerung erzielt. Die Menschen in den Städten und auf dem Land

Die Burgruine Lipperode

Die Ruine der Stiftskirche in Lippstadt

zahlten mit ihrem Blut und dem Verlust ihres ohnehin oft nur spärlichen Besitzes. Kamen dann, wie es nicht selten geschah, Hungersnöte und Seuchen hinzu, konnte dies zur Entvölkerung und Verelendung ganzer Landstriche führen.

Bernhard II. übertrug aus gesundheitlichen Gründen im Jahr 1194 die Herrschaft an seinen Sohn und trat als Mönch in das von ihm zuvor gegründete Zisterzienserkloster Marienfeld ein. Hier erfuhr er von der Livlandmission und nach seiner Genesung zog er 1211 mit Mönchen aus Marienfeld nach Dünamünde. Noch im selben Jahr wurde er Abt des Missionsklosters Dünamünde bei Riga. Während dieser Zeit wurde er zu einem Parteigänger des Schwertbrüderordens und war als Zisterzienser politisch und kämpferisch erfolgreich tätig. Er nahm an den Kämpfen in Estland teil und starb im Jahr 1224 nach einem in vieler Hinsicht bewegten Leben als hochgeehrter Bischof von Selonien-Semgallen. Diesen Aufstieg in der kirchlichen Hierarchie verdiente sich Bernhard allerdings nicht nur durch Gebet und Mildtätigkeit, sondern dieser war auch das Ergebnis seines militärischen Engagements bei der gewaltsamen Unterwerfung und Christianisierung der baltischen Völker. Sein Wappenbild, die „Lippische Rose“, hat ihre Wurzeln in der bei Bernhard II. stark ausgeprägten Marienverehrung, deren Rosensymbol er zum Wappenzeichen des Hauses Lippe wählte.

Die Sage von der Strafe Gottes

Die Gründe, warum Bernhard II. schließlich der weltlichen Macht entsagte, um als Mönch und Kirchenmann ein neues Leben zu führen, werden in der folgenden Sage dargestellt:

In seinem Leben hatte Bernhard schon vielfach Kriegsruhm erlangt. Dabei soll er auch seinen Untertanen durch Rauben und Brennen sehr viel Unrecht und Leid zugefügt haben. Für diese Taten strafte ihn Gott mit einer schlimmen Krankheit. Er wurde an beiden Füßen gelähmt und sah darin nicht nur die Strafe für seine Untaten, sondern auch den Hinweis des Allmächtigen, fortan ein gottesfürchtiges und gottgefälliges Leben zu führen. Der reuige Bernhard begab sich daraufhin voller Demut in die Obhut und Pflege von Zisterziensermönchen. Schließlich trat er selbst in das Kloster ein, um der Welt zu entsagen. Einige Jahre später gelobte er dann eine Pilgerfahrt nach Livland und erlangte auf wundersame Weise seine Gesundheit zurück.

(NACH FRANTZEN 1835)

Die Mantelanekdote

Mit der folgenden Anekdote wird die Funktion und Bedeutung der Platzordnung an Hoftagen oder Reichsversammlungen im Mittelalter deutlich. Sitzplatz und Machtstellung hatten eine direkte, augenfällige Beziehung zueinander. Mithilfe dieses Mittels wurde auf einfache, aber klare Weise die politisch-soziale Rangstellung einer Person

Westansicht des Klosters Cappel

Die Marienkirche in Lippstadt

deutlich gemacht. Möglicherweise wird in diesem Fall symbolhaft die Begnadigung Bernhards und seine Wiedereinsetzung in alte Rechte durch den Kaiser vollzogen, die der Edelherr als Parteigänger des entmachteten Herzogs Heinrich des Löwen verloren hatte. „Die Mantelanekdote" berichtet vom Aufenthalt des Edelherrn Bernhard II. zur Lippe auf einem Hoftag des Kaisers Friedrich Barbarossa:

Der Edelherr erschien auf Einladung des Kaisers mit seinem prächtig gekleideten Gefolge auf dem Hoftag. Von den Herolden des Reiches wurden ihm und seiner Gefolgschaft jedoch nur Stehplätze zugewiesen. Daraufhin befahl Bernhard seinen Rittern, ihre Mäntel auf dem Boden auszubreiten und auf ihnen Platz zu nehmen. Am Abend, als sich die Versammlung aufgelöst hatte, wurden die Mäntel absichtlich liegen gelassen. Auf die Frage des Kaisers, weshalb er und seine Männer ihre Mäntel liegen ließen, antwortete Bernhard: „In unserer Heimat pflegt ein Mann von Ehre nicht den Stuhl mit sich herumzutragen, auf dem er sich niederlässt." Barbarossa hörte mit einem Lächeln auf den Lippen diese stolze und kühne Antwort. Am nächsten Tag wies er Bernhard und den Seinen einen Sitzplatz unter den Großen des Reiches zu.

(nach Görich 2011)

Die Senne

Ihre Entstehung als Kulturlandschaft verdankt die Senne dem Wirken der Gletscher in der Eiszeit. Nach dem Abschmelzen des Eises blieben Sande zurück, worauf sich im weiteren Verlauf der Bodenentwicklung sandige, nährstoffarme und wasserdurchlässige, trockene Böden bildeten. Im Mittelalter wurde die Sennelandschaft als „wüste Sende" bezeichnet, da die vorhandenen kargen Böden kaum nennenswerte Ernteerträge lieferten. Aufgrund dieser Siedlungsfeindlichkeit galt die Senne bis ins 12. Jahrhundert als „menschenleerer" Raum. Das änderte sich erst mit dem planmäßigen Anlegen von Dörfern im Inneren der Senne nach dem Dreißigjährigen Krieg. So entstanden auf lippischem Gebiet um 1659 Haustenbeck und im Jahr 1775 folgte die Siedlung Augustdorf. Die Siedler, Heidebauern genannt, trugen durch Plaggendüngung und Waldweide weiter dazu bei, dass sich der ohnehin nährstoffarme Boden noch mehr verschlechterte. 1891 nahm die königlich-preußische Armee offiziell den Militärübungsplatz in der Senne in Betrieb. Die ständigen Erweiterungen des Truppenübungsplatzes verdrängten schließlich auch die letzten Bewohner, und die Häuser, Siedlungen und Dörfer verfielen. Aufgrund der geringen Nutzung weiter Teile des Militärgeländes durch den Menschen konnte sich hier im Laufe der Jahrzehnte eine in dieser Form und Ausprägung einzigartige, vielfältige Flora und Fauna entwickeln.

Der aus Detmold stammende Schriftsteller und Journalist Georg Weerth beschreibt 1844 die karge Landschaft der Senne und das Leben der dort siedelnden Menschen in seinen „Skizzen, Feuilletons, Reportagen" in eindrucksvoller, sozialkritischer Art und

Sennelandschaft

Weise. Diese bisher wenig bekannte zeitgenössische Momentaufnahme möchte ich an dieser Stelle wiedergeben:

Von den Höhen des Teutoburger Waldes sieht man in eine weite Ebene, die Senne genannt, deren ödester Teil sich zwischen Paderborn, Bielefeld und dem Fürstentum Lippe hinzieht. Sie gewährt einen eigentümlichen Anblick, der sich wohl am besten mit der Aussicht vergleichen lässt, die man in der Abenddämmerung von einem höhern Punkte des Strandes auf die See hat. Die Täuschung wird noch größer, wenn in den Strahlen der untergehenden Sonne, oder im Mondlicht, die dunklen Wasserflächen einiger Teiche zu leuchten beginnen, die hin und wieder den Sand durchschneiden und gewöhnlich von kleinen Fichtengehölzen umgeben sind. In solchen Augenblicken gewinnt die Gegend keineswegs einen schönen, vielmehr einen höchst unheimlichen und wahrhaft geisterhaften Anstrich. – Die Umrisse einiger Meierhöfe und zerstreuter Baumgruppen verschwinden, und bald gewahrt das Auge nur noch den schwarzblauen Farbenton der Ebene, über welche die Nebel in weißen Wogen hereinbrechen.

Dem Beschauenden scheint dann der geheimnisvolle Geist jener Wüste vorüberzuschweben, jener Wüste, in welcher schon so vieles auf und nieder ging, in deren Sand die Waffen der Römer verrosteten, in der Franken und Sachsen im Kampf aneinanderrannten, in welcher der tollste Hexenspuk sein Wesen trieb – und die jetzt wohl die unglücklichsten Bewohner des einst so gewaltigen Westfalens bevölkern. –

Wir wollen von den Bergen hinuntersteigen und uns auf dem eigentlichen Terrain näher umsehen. – Eine Wüste nannten wir jenen Landstrich, und dennoch bevölkert! Leider ist dies nur zu wahr; denn auch hier, wo die Natur dem Menschen geradezu untersagt zu haben scheint, sich anzubauen, hat der Arme, dem kein besserer Boden zuteil wurde, sein Korn der Erde anvertraut. Hier und dort, wo der Sand fester und feuchter ist, sieht man Buchweizen und Hafer in dünnen Halmen aufschießen; gleich daneben, hinter einem Zaun aus Birken geflochten, weidet eine magere, bunt gefleckte Kuh, wohl die einzige Trösterin des Bauers, der nicht weit davon aus Lehm und Baumzweigen seine niedrige Hütte aufgeschlagen hat. Treten wir an die Tür derselben, da schlägt uns ein dichter Rauch entgegen, denn für einen Schornstein hat man nicht gesorgt. Ist im Winter der Herd erloschen, da muss der in der Hütte zurückgebliebene Rauch und Dunst noch wärmen. Gehen wir vorüber, da laufen uns einige zerlumpte Kinder nach; sie halten die Hände gefalten und murmeln eine Sprache, welche niemand versteht. Aber in den kümmerlichen Blicken kann man lesen, was sie wollen, und gebt ihr einem kleinen Mädchen mit hellblonden Haaren eine Silbermünze, da ist es mehr, als sie je besaß, mehr, als sie in mehreren Wochen durch Flachsspinnen verdienen kann. – Es ist so rührend komisch, wenn man mit einem Bauern spricht, welcher eben aus Friesland zurückkommt, wo er einige Monate für Lohn arbeitete. Seine Augen blitzen vor Freude; er bringt Geld mit, Geld in dem kleinen ledernen Beutel; das kleine Feld ist unterdes leidlich gediehen; die Kuh ist noch am Leben; er dünkt sich reich und glücklich! Da sieht er plötzlich seine Kinder herbeilaufen, und er wird ernst und still; es fällt ihm ein, dass alles vielleicht nicht hinreicht, um die junge Brut durch den Winter zu bringen.

„Aber beim Teufel, lieber Mann, weshalb hat er auch so viele Kinder!" – „Ja", sagt der Bauer dann, „die Obrigkeit ist auch gar nicht damit zufrieden. Sehn Sie, wenn unsereins heiraten will, da muss er erst auf dem Amt 150 harte Taler vorzeigen können, und kann er dies nicht, da mag er gehn, – er wird nicht kopuliert. Wenn ich nun unsers Nachbars junge Liese gern leiden mag und kein Geld habe, was tue ich dann? Entweder muss ich bei einem Paderborner Juden das Geld borgen und abscheuliche Prozente bezahlen, oder –" Und dann sieht mancher junge Bauer verschämt zur Erde.

Am schlimmsten sind die Leute daran, welche sich durch irgendeinen günstigen Ackerfleck verleiten ließen, mitten in die eigentliche Senne zu ziehen, denn dort sind sie, wenn im Winter die ohnehin ungangbaren Wege ganz verschneien, von aller Welt abgeschnitten. Der Vorrat von Kartoffeln geht bald zu Ende; durch die schlechte Witterung, welche die Lehmwände der Hütten nass und feucht macht, brechen Krankheiten ins Haus herein; – mehrere Glieder der Familie liegen schon, die Alten an der Gicht, die Jungen am Nervenfieber darnieder – da macht der Gesundeste sich auf und eilt zu dem Prediger des nächsten Dorfes. Der soll trösten, helfen, retten. Man sagt ihm, ein Sterbender wünsche die Sakramente. Er kommt an Ort und Stelle, sieht den Jammer und die Not, sieht aber auch ein, dass das Heiligtum hier weniger helfen kann als eine wollene Decke, als ein gutes Brot. Ist es in seiner Macht, so unterstützt er aus eignen Mitteln, bescheinigt aber gewiss den kläglichen Zustand jener Armen, damit sie aus der nächsten Ortschaft ihren Pfennig von der Behörde und die Hilfe eines Arztes bekommen.

Leider sind manchmal die Einkünfte einer Gemeinde aber nicht so groß, um jedem unglücklichen Einlieger helfen zu können, und, was noch schlimmer ist, oft findet sich auch, dass ein Bauer, nachdem er bei dem Gemeindevorstand um Unterstützung angehalten hat, gar nicht zu dieser gehört, also kein Recht darauf hat. Die Grenzen der Länder, in jener Ebene durch nichts Hervorstechendes markiert, waren ihm nicht bekannt; er weiß nicht, ob er ein Preuße, ein Lipper oder was sonst ist, und ehe er sich von der einen Behörde an die andere wenden konnte, ist der Tod in seine Hütte hereingebrochen und hat mit seinem kalten Kuss allem Leid ein Ende gemacht. –

Vor nicht gar langer Zeit fuhren wir von der lippeschen Grenze ins Preußische hinüber und wurden auf dieser Postwagenreise durch den Sand mehr hin- und hergeworfen als in dem lustigsten Sturm auf dem Kanal. Hinter uns lagen die altsassischen Wälder, in denen wir noch am Morgen einen der größten Hirsche ventre à terre vorüberrennen sahen – vor uns dehnte sich die Ebene mit ihrem rotblühenden Heidekraut, das immer höher aufwuchert, wo ein Teich den Boden feuchter macht. Einige Kiebitze, die schlanken Bewohner der Heiden, hüpften über das Moor und ergötzten uns durch ihr helles Geschrei, in das bisweilen ein alter Frosch mit verständiger ernster Stimme einfiel. Nebenbei lenkte ein alter Förster unsre Aufmerksamkeit auf einige Fichten, in deren Umzäunung wir die Trümmer einer Hütte bemerkten, die das Feuer jüngst zerstört zu haben schien. Die Geschichte, welche der alte Mann darauf erzählte, machte bald unsrer heitren Stimmung ein Ende:

Die Armen in der Senne

Im letzten Winter, als abwechselnd durch Schnee und Regen alle Wege durch die Senne ungangbar gemacht waren, hatte in jener Hütte, welche jetzt als Trümmer vor uns lag, die Not ihren Gipfel erreicht. – Ein junger Bauer verlor sein Weib, was ihm sechs kleine Kinder hinterließ. Sie zu ernähren, war das wenige Geld, was er aus Friesland mitbrachte, bald draufgegangen, und eine gänzliche Missernte machte, dass seine Scheune diesen Winter ohne den gehörigen Vorrat von Früchten blieb. Dazu kam noch das lange Darniederliegen des Leinenhandels, der von England aus mit so großem Erfolg betrieben wird und der den Bauern jener Gegend, welche früher das Garn mit Nutzen zu Markte trugen, jetzt jede Möglichkeit nimmt, ihr Leben dadurch zu fristen. Alles hätte den jungen Bauer indes noch nicht niederbeugen können, denn noch blieben ihm ja zwei tüchtige Fäuste, die zu jeder Arbeit bereit waren und bei dem Bau des Armindenkmals in jener Zeit gerade die beste Gelegenheit dazu fanden. Aber, wie durfte er sich tagelang von seiner Hütte entfernen – sechs Kinder kauerten halb nackt am Feuer, und im Winkel der Stube lag auf hartem Strohlager der alte Vater, krummgezogen von der Gicht, von den fürchterlichsten Schmerzen geplagt, der weinend seine Knie umfasste und ihn bat, nicht davonzugehen. Mehrere Male war schon das größte der Kinder in das nächste Dorf geschickt zu dem Prediger. Der Vater sei so krank, ließ man ihm sagen, er möge doch mit den Sterbesakramenten kommen. Der Pastor war jedes Mal erschienen – aber wozu der Trost schöner Worte? – Man ließ ihn rufen, weniger der Gottseligkeit wegen, als dass er noch einmal die Not sähe, noch einmal eine Unterstützung auswirkte oder vielleicht noch einmal in die eigene Tasche griffe; denn der kranke Vater machte noch keine Sterbemiene; sechzehn Wochen lag er schon am Boden, er war an Schmerzen gewöhnt, er wollte leider noch nicht sterben. – So ging der halbe Winter vorüber, die Gegend war von dichtem Nebel umhüllt; bald konnte man kein Kind mehr hinausschicken – es wäre in den sumpfigen Wegen, im Schnee, auf den unsichern Sandschichten unrettbar verloren gewesen; die Hilfe der Nachbarn wurde durch die vielen Armen immer kleiner, manchmal blieb sie ganz aus, und vom Hunger gestachelt, jammerten dann die Kinder in der Hütte umher. Als die Sonne wieder einmal rot hinter den fernen Bergen hinabgesunken war und in der und um die Hütte das tiefste Dunkel lag, schleicht der junge Bauer aus der Tür, geht an die Wand, hinter welcher der kranke Vater lag, er schauert zusammen, zerdrückt noch eine Träne im Auge – und mit kräftigem Stoß reißt er die morsche Lehmwand auseinander. – Der Kranke, gänzlich erschöpft, ist gerade in festen Schlaf versunken, er merkt nicht, dass ihm der kalte Nachtwind über das Gesicht streicht, und als er endlich wach wird, sich nicht von der Stelle bewegen kann und um Hilfe wimmert – da hört ihn niemand – man ist an das Jammern gewöhnt; der Sohn verbirgt sein Gesicht im Stroh, die Kinder schlafen. – Der Nebel ist indes verschwunden, in der Nacht wird es sternhell, es wird bitterkalt. – Um Mitternacht ist der Alte schon besinnungslos, als der Morgen kommt, ist er tot. – Jetzt hat der junge Bauer nur noch für die Kinder zu sorgen. Nach einigen Tagen sieht man die Hütte in Flammen aufgehn. – Der Eigentümer steckte sie selbst in Brand und zieht mit den Kindern auf die nächsten Dörfer, um zu betteln.

(Weerth 1844)

Ergänzend schreibt Weerth, dass er diese Geschichte in einer Fabrikstadt in England schrieb, „... einem echt chartistischen Loch, in dem Armut und Unheil zu Hause ist; man hat uns manche Sachen erzählt, die das Herz beben machen können, aber Geschichten, wie die erzählte aus der lieben Heimat, sind doch auch des Schauderns wert".

Die Rauhnächte und die Wilde Jagd

Die Rauhnächte oder Rauchnächte sind eine geheimnisvolle Zeit im Jahreslauf zwischen dem 21. Dezember und dem 6. Januar. Der Name „Rauchnächte" kommt einerseits vom Räuchern, aber auch von rau, den wilden, haarigen Geistern und Dämonen, die in diesen Nächten ihr Unwesen treiben. Aus diesen Tagen hat trotz christlicher Überlagerung noch viel vom alten heidnischen Brauchtum und Gedankengut bis in unsere Zeit überdauert. Es findet sich in christlich-religiösen Traditionen wie beispielsweise im Weihnachtsfest und in der Person des „Knecht Ruprecht", aber auch im Volksglauben, wie er sich in den vielen Sagen in sehr unterschiedlicher Ausprägung darstellt.

Die zwölf Tage vor und nach Neujahr stellten einen Höhepunkt im Gemeinschaftsleben unserer Vorfahren dar. Während dieser Zeit suchten die Seelen der Toten die Lebenden auf, und es wurden die Jünglinge in die Erwachsenenwelt der Krieger eingeführt. Nach den Überlieferungen hatten in diesen Tagen die finsteren Kräfte eine große Macht und Gewalt. Die Rauhnächte waren eine Zeit der Wiederkehr der Seelen und des Erscheinens von Geistern. Das Wilde Heer Wodans tobte durch die Nacht, Frau Holle ging um, Orakel und Loswurf erlaubten den Blick in die Zukunft und zauberisches Wirken war besonders machtvoll. Druden, Zauberer und Kobolde beherrschten die Welt. So musste in der Vorstellung unserer heidnischen Vorfahren das Weltende ausgesehen haben. Wenn die

Winterstürme dann heulend am Haus rüttelten, hieß es, dass Allvater Wodan mit seinem wütenden Heer durch die Lüfte brause. Die Rauhnächte verkörperten den Übergang vom Chaos in die Ordnung. Um die bösen Geister und Unholde zu bekämpfen und unschädlich zu machen, wurde die Räucherpfanne mit heller Glut und vielen Kräutern durch das Haus, den Stall und den Hof getragen. Auf diese Weise sollten sowohl Mensch und Vieh als auch das Hab und Gut vor dem Einfluss der Dunkelheit geschützt werden.

In diesen Nächten zog auch die Wilde Jagd, geführt von Wodan und Frau Holle, durch die Lüfte. Wodan wurde in diesem Zusammenhang häufig auf seinem Schimmel reitend dargestellt. Ihm zu Ehren brachten die Menschen ihm und seinem Ross Opfergaben dar. Auch für Frau Holle, Freyr und die Ahnengeister wurden Opferspeisen auf den Tisch gestellt. Diese Zeit, die Julzeit, war eine fröhliche Zeit, in der viel gefeiert, getanzt, gesungen, gegessen und getrunken wurde. Man beschenkte sich gegenseitig, um auch im neuen Jahr eine gute Ernte und Glück zu haben. Als Symbol der Fruchtbarkeit, des Lebens und der Gesundheit wurde ein Weihnachtsbaum ins Haus geholt und mit Äpfeln, Nüssen, Lebkuchen, Gold und Lichtern geschmückt.

Der weiße Senner, Wodans Ross

In dieser Geschichte blüht der alte Götterglaube an Wodan und seine Wilde Jagd während der zwölf Rauhnächte wieder auf. Darin wird deutlich, wie tief verwurzelt dieser Glaube und die damit verbundenen Vorstellungen in den Herzen der Menschen unseres Landes bis heute noch sind:

Zur Zeit der Wintersonnenwende, um Mitternacht, wenn sich die Bäume im Sturme neigen, wird das weiße, prächtig gezäumte und gesattelte Ross vor Wodan geführt. Dann reitet er in wilder Jagd von den Bergeshöhen des Osning zur Senne hinab, schlägt mit dem Stab an die Hünengräber und erweckt so die schlafenden toten Helden. Jetzt sind sie da, scharen sich um das weiße Ross und die hochgewachsene Gestalt Wodans. Sein weiter, schwarzer Umhang und die lange Mähne des weißen Pferdes flattern im Wind. Nebelschwaden umwehen den Graubart und sein Gefolge, die gespenstisch aus dem dunstigen Nebel leuchten. Nun sind auch die letzten versammelt und die Jagd beginnt. In rasendem Galopp stürmen sie durchs Land, bis die nächtlichen Lichter und Farben langsam verblassen. Der Zug verflüchtigt sich, die Toten steigen zurück in ihre Grabhügel und zurück bleibt allein der wabernde Nebel. Das Ross stürmt nun wieder ins Gebirge, wo es so mancher zur Geisterstunde friedlich grasend gesehen hat. Ist diese Stunde jedoch vorüber, verschwindet es aus dem Blick des staunenden Wanderers.

(NACH SCHWANOLD/WIEMANN O.J.)

Unter den Pferderassen in Deutschland zählt das „Senner Pferd“ zu den ältesten bekannten Rassen. Diese Pferde waren im Mittelalter als Kulturrasse sehr begehrt.

Götterbildnisse als Holzidole aus vorchristlicher Zeit

Wildpferde wurden für das Landschaftsgebiet der Senne bereits im Jahr 1160 erstmals urkundlich erwähnt. Die wild lebenden Pferde trugen durch ihre Weide und den Verbiss mit dazu bei, dass die Weideflächen offen blieben und der Baumwuchs klein gehalten wurde. Damit prägten sie neben dem Menschen das Landschaftsbild nachhaltig mit.

Nach dem Dreißigjährigen Krieg wurde das Gräfliche Gestüt der Senner Pferde nach Lopshorn am Nordrand der Senne, östlich von Augustdorf, verlegt. 1657 ließ Graf Hermann Adolf zur Lippe neben dem Gestüt ein Jagdhaus errichten. Sein Sohn, Graf Simon Heinrich, wandelte dieses Gebäude in ein Jagdschloss um, das von den Grafen und später den Fürsten zur Lippe als Sommerresidenz genutzt wurde, bis es am Ende des Zweiten Weltkriegs 1945 vernichtet wurde.

Der Rufkerl

In den Sennedörfern wird erzählt, dass zur Mitternachtsstunde häufig der Rufkerl gehört wird. Heiser und klagend tönt sein Ruf durch die Nacht, und es liegt etwas darin, was unwiderstehlich zum Nachahmen reizt. Ob es eine arme Seele ist, die wegen ihrer irdischen Taten keine Ruhe finden kann? Man weiß es nicht. Ein alter Mann aus der Senne hat die folgende Geschichte erzählt:

Aus meiner Jugend ist mir eine Nacht in Erinnerung, die mich sehr bewegte. Nach einem heißen Sommertag war der klare Mond aufgegangen. Mein kleiner Bruder, mit dem ich zusammen auf der Heubühne schlief, saß mit mir noch auf der Fensterbank. Wenn wir es ein wenig geschickt anstellten, konnten wir uns von hier aus auf einen starken Ast unseres Kirschbaums schwingen. Dies hatten wir in diesem Sommer schon oft und gut eingeübt. So warteten wir auch an diesem Abend nur, bis alle anderen schlafen gegangen waren.

Nach einer Weile auf einmal ein lang gezogener, stöhnender Ton. Mein neben mir sitzender Bruder ahmte ihn auch sogleich nach und ein zweites Mal kam der Ruf, jedoch schon viel näher als beim ersten Mal. Mir wurde es plötzlich unheimlich, aber mein Bruder hatte zwischen zwei ausgespuckten Kirschkernen den Laut bereits behaglich wiederholt. Ganz nahe stöhnte es dann und nun wusste ich Bescheid!

„De Raupkerl! Hei kümmet", rief ich und schwang mich, meinen Bruder mitreißend, in das Fenster zurück. In großer Angst lag er nun neben mir und ich erzählte ihm, dass beim dritten Nachruf der Rufkerl auf einem hocken würde und bis zum Kreuzweg getragen werden müsste. Immer schwerer werdend spränge er dann am Kreuzweg herab und hinterließe einen Träger, der so ermattet wäre, dass er anschließend tagelang müde und krank wäre.

(NACH PÖHLER 1986)

Solch ein Erlebnis hatte wohl schon so mancher Sennebewohner, denn jeder, der den Rufkerl einmal gehört hat, erzählt davon in ähnlicher Weise.

Der Teutoburger Wald und das Hermannsdenkmal

Der Teutoburger Wald ist ein Mittelgebirgszug, der sich auf einer Länge von etwa 100 Kilometern vom Kreis Steinfurt im Nordwesten bis nach Horn-Bad Meinberg im Südosten erstreckt. Im Süden schließt sich das Eggegebirge an. Die Nahtstelle zwischen Teutoburger Wald und Eggegebirge liegt unmittelbar nordnordwestlich der Lippischen Velmerstot am Silberbach, der von Veldrom aus in nordwestliche Richtung nach Leopoldstal fließt. Den Namen „Teutoburger Wald" erhielt das Waldgebirge erst 1616, als der bisher für den gesamten Höhenzug gebräuchliche Name „Osning" vom deutschen Geografen Clüver in Erinnerung an die Schlacht im Teutoburger Wald im Jahr 9 n.Chr. in „Teutoburger Wald" umbenannt wurde. Durch das Werk „Monumenta Paderbornensia" des Paderborner Fürstbischofs Ferdinand von Fürstenberg von 1669 fand dieser Name Einzug in den allgemeinen Sprachgebrauch.

In späterer Zeit erlangte das Gebirge dank der Varusschlacht weitere Bedeutung. Nach den Freiheitskriegen von 1813 bis 1815 und dem Ende der Herrschaft Napoleons keimte in den deutschen Ländern der Nationalgedanke auf. Zu dieser Zeit gab es noch keine deutsche Nation und „Deutschland" setzte sich aus einem bunten Flickenteppich vieler souveräner Einzelstaaten zusammen, die jeder für sich ihre Eigeninteressen verfolgten. Da machte es sich der Bildhauer Ernst von Bandel zu seinem Lebensziel, ein für alle Deutschen gültiges Nationalsymbol zu schaffen, und entwickelte entsprechende Pläne zur Umsetzung dieser Idee in Form eines Denkmals. Auf der Suche nach einer Symbolfigur für ein geeintes Deutschland und den Freiheitsgedanken wurde er schnell fündig: Er sah sie in Arminius, der die Einigung der germanischen Stämme und den

Triumph über das römische Weltreich personifizierte. Als Standort für das Denkmal wurde in Erinnerung an dieses Ereignis die Grotenburg, eine alte Wallanlage bei Detmold, gewählt, weil der Teutoburger Wald als Schlachtort gesehen wurde und das Land ringsherum das Siedlungsland der Cherusker mit ihrem siegreichen Heerführer Arminius gewesen war. Der von den römischen Schriftstellern überlieferte Name Arminius wurde ohne historische Grundlage kurzerhand eingedeutscht: Aus Arminius wurde Hermann und damit stand auch der Name für das Nationalsymbol fest: „Hermannsdenkmal".

Die Grundsteinlegung für diesen Monumentalbau fand 1838 statt. Vollendet und feierlich eingeweiht jedoch wurde das Hermannsdenkmal erst nach vielen Schwierigkeiten – so wie bei der Entstehung der deutschen Nation auch – einige Jahre nach der Reichsgründung, im Jahr 1875. Seither zählt es zu den bekanntesten deutschen Sehenswürdigkeiten und ist ein touristischer Anziehungspunkt.

Der alte Bertold

Tief im Teutoburger Wald lebte einst ein Mann, den die Leute den alten Bertold nannten. Viele glaubten, dass er einen Bund mit dem Bösen geschlossen habe und dort im Wald schon sicher über hundert Jahre wohnte. Vom Aussehen glich er jedoch eher einem Mann von sechzig Jahren. Auch wusste niemand, wovon er lebte und was er denn so trieb. Um seine Hütte herum, die er niemals verließ, war nichts als düsterer Wald und so kam es, dass ihm nur wenige Menschen nahegekommen sind. Es wurde erzählt, dass der Alte drei Steine besäße, durch die er Gewalt über alle Geister erlangen konnte. Woher diese Steine stammten und was es mit dieser Zauberkraft auf sich hatte, das vermochte niemand zu sagen.

Eines Abends sahen nun Bauern, die am Waldrand wohnten, wie ein einsamer Ritter auf den Ort, an dem sich der alte Bertold aufhielt, zuritt. Sie bekreuzigten sich schnell und beteten für die arme, verlorene Seele des Ritters. Doch dieser kam am Abend wohlbehalten aus dem Wald zurück. Die Leute bemerkten in der nächsten Zeit, dass dieser Ritter nun oft diesen Weg in den Wald nahm. Eines Tages kam er jedoch nicht wieder zurück und es dauerte eine Weile, da sahen sie, wie der Ritter in Begleitung einer tief verschleierten Frau in Richtung des Waldausgangs ritt. Es schien, als ob beide Reiter in großer Eile waren, denn sie trieben ihre Pferde immer heftiger an. Plötzlich erhob sich eine gewaltige Riesengestalt über den Bäumen. Das war der alte Bertold. Mit unsagbar trauriger Stimme rief er von oben herab: „Zu spät, Konrad, zu spät!" Dann war er genauso schnell, wie er gekommen war, wieder verschwunden. Zugleich sahen die Bauern den Ritter ohnmächtig vom Pferd sinken. Sie eilten herbei und trugen ihn in die nächste Hütte, wo sie ihn auf ein Strohlager legten. Die Frau, die ihn begleitet hatte, setzte sich an seine Seite, um ihn zu pflegen. Als er wieder erwachte und zu Kräften gekommen war, erzählte er seinen Rettern seine Geschichte: „Ich bin aus adeligem Geschlecht und habe vor langer Zeit als Ritter an einem Kreuzzug ins Heilige

Land teilgenommen. Während meiner Abwesenheit haben mich falsche Freunde um mein ganzes Hab und Gut gebracht und auch meine Braut mit Gewalt in ein Kloster verbracht, um sie mundtot zu machen. Nach meiner Rückkehr aus Palästina habe ich jedoch alles erfahren. In meiner Not habe ich mich an den weisen alten Bertold gewandt, damit er mir helfe, meine Braut und meinen Besitz wiedererlangen zu können. Der Alte hat mir daraufhin drei Edelsteine für drei Monate geliehen, um mit ihnen die Geister anzurufen, damit diese mir helfen, meine Ziele zu erreichen und mich an den Tätern zu rächen. Alles verlief nach Plan und meine Wünsche wurden in die Tat umgesetzt. Ich war gerade auf dem Weg zum alten Bertold, ihm die Steine zurückzubringen, da ist das geschehen, was ihr alle beobachtet habt. Ich kam zu spät. Der alte Bertold konnte ohne die Steine nicht länger als drei Monate leben und diese Zeit war gerade abgelaufen. So musste er sterben. Aber auch mein Ende naht, denn der Geist der Steine, der mir drei Monate diente, hat nun Gewalt über mich gewonnen."

Nach diesen Worten schossen plötzlich drei feurige Schlangen aus den Steinen, bissen dem Ritter ins Herz und spritzten ihr Gift hinein. Der Ritter fiel tot zu Boden und auch die Hütte des alten Bertold stand leer, bis sie schließlich verfiel.

(NACH SEILER 1848)

Diese Geschichte soll den Blick auf die Funktion und die Bedeutung des Waldes für den Menschen lenken. Die Wurzeln des „Mythos Wald" liegen in der Steinzeit, als die Menschen als Jäger und Sammler lebten. Sie nutzten den Wald als natürliche Ressource und entwickelten eine Mythologie, in der der Wald aufgrund seiner großen Bedeutung für das Überleben der Menschen einen zentralen Platz hatte. Er war Nahrungslieferant (Tiere, Wildpflanzen wie Beeren und Kräuter) und Bäume dienten den Menschen als Bau- und Werkstoff sowie als Brennmaterial. Daneben wurden Faserpflanzen, Pilze und Baumharz genutzt. In späterer Zeit kamen die Waldweide von Kulturtieren, die Streunutzung und die Zeidlerei hinzu.

Als der Mensch sesshaft wurde und von der Landwirtschaft lebte, wandelte sich das Bild des Waldes: Er wurde nun zu einem Hindernis für die bäuerliche Wirtschaftsweise. Inzwischen als „Feind" angesehen, musste er durch Rodung dem Kulturland weichen. Dieser Eingriff des Menschen veränderte gravierend und nachhaltig das Aussehen des Waldes. Er wurde lichter, die Waldfläche schrumpfte und die Zusammensetzung der Baumarten veränderte sich, auch weil ein Klimawandel stattfand. Die vielfältige Waldnutzung und der in den folgenden Jahrhunderten stark ansteigende Holzbedarf zur Energie- und Salzgewinnung führten schließlich zu einer Holzverknappung (Holznot). Der „Urwald" wurde zum „Kulturwald" und schließlich war es nur noch ein kleiner Schritt zum „Forst", so wie wir ihn heute kennen.

Kaum ein anderes Volk hat sich so intensiv mit dem Wald verbunden gefühlt wie das deutsche. Der deutsche Wald besitzt einen ganz eigenen Reiz und hat eine tiefe Bedeutung, deren Wurzeln bis zu den Ursprüngen menschlichen Daseins zurückreichen. Seine Wirkung auf die Seele des Menschen ist facettenreich: Einerseits macht er den Menschen Angst, weil er undurchdringlich, dunkel und bedrohlich erscheint und sogar als Ort des Teufels gesehen wird, andererseits löst er aber auch ein Gefühl aus, das als Sehnsucht nach dem Reinen, Ursprünglichen aufgefasst werden kann. Spätestens seit der Epoche der Romantik, in der unsere Märchen und Sagen als ursprüngliche Zeugnisse eines vermeintlichen nationalen Volksgutes angesehen wurden, war der Wald Symbol für die unberührte Natur. Er wurde von den Dichtern der Romantik vom feindlichen Forst zum wilden, verwunschenen Wald umgewandelt und zu einem Mythos verklärt.

Die Mordkuhle

Unweit der Straße nach Lopshorn, auf der Höhe des Berges, liegt links im Wald eine Höhle, die Mordkuhle genannt wird. Von ihr wird folgende Sage erzählt:

In der Höhle hauste einst ein Räuber, der die ganze Gegend unsicher machte, Reisende überfiel und viele Einbrüche verübte. Stets konnte er allen Nachstellungen entgehen. Eines Tages traf er nun im Wald ein Mädchen aus Hiddesen, das Beeren suchte. Er verschleppte die Unglückliche unter Androhung von Gewalt in seine Höhle, wo sie ihm fortan dienen musste. Die Eltern trauerten um ihr verlorenes Kind und auch das Mädchen stöhnte unter dem Joch ihres Schicksals. Der Räuber tat ihr zwar nichts zuleide, aber sie durfte auch nicht ihr dunkles Verlies verlassen. Nachdem nun sieben Jahre vergangen waren, erschien die Tochter plötzlich eines Abends im Haus der Eltern, fiel der Mutter um den Hals und weinte bitterlich. Als die Mutter sie fragte, wo sie gewesen und wie es ihr ergangen sei, sprach sie: „Frage mich nicht, ich darf dir nichts sagen. Das habe ich mit einem heiligen Eid versprechen müssen, den ich um meiner Seele Willen halten muss. Mit viel Mühe habe ich erreichen können, dich für zwei Tage besuchen zu dürfen. Morgen Abend, wenn die Sonne überm Wald versinkt, muss ich dich wieder verlassen. Aber folge mir nicht, es würde dein und mein Verderben sein." Voller Schmerz ging die Mutter in die Küche, um ihrer Tochter etwas zu essen zu holen. Als sie sich nun zum Ofenloch hinunterbückte, hörte sie die Tochter in der Stube reden:

„Keinem Menschen darf ich's sagen,
doch dem Ofen darf ich's klagen:
Droben in dem hohlen Loch
trage ich des Räubers Joch."

Damit wusste die Mutter alles und überlegte, wie ihr und der Tochter zu helfen sei. Schließlich glaubte sie, einen Weg gefunden zu haben: Sie füllte die Taschen der Tochter mit Erbsen. Als sich diese dann am anderen Abend wieder auf den Weg machte, bemerkte sie die Erbsen in der Tasche. Sie wusste nun, dass die Mutter ihre heimliche Klage gehört hatte, und erkannte den Plan, der dahintersteckte. Fortan ließ sie die Erbsen eine nach der anderen fallen. Am nächsten Morgen ging die Mutter der Erbsenspur nach und fand so den Weg zu dem Räuberversteck. Eiligst ging sie in die Stadt, vertraute sich dort dem Amtmann an, der daraufhin sechs bewaffnete Knechte losschickte, die, von der Mutter geführt, schließlich das Versteck erreichten. Sie drangen ein und überwältigten den Räuber. Das Mädchen fiel überglücklich ihrer Mutter um den Hals. Der Bösewicht aber erhielt seine gerechte Strafe und wurde wegen seiner bösen Taten am Galgen aufgehängt.

(NACH SCHWANOLD/WIEMANN O.J.)

Der ewige Fuhrmann

Der ewige Fuhrmann ist kein Geringerer als der alte Gott Wodan selbst, der auf seinem Wagen durch das Land fährt. Manchmal erscheint dieser Wagen als himmlischer, ein anderes Mal als irdischer. In einigen Sagen wird Wodan als „der wilde Jäger" bezeichnet. Die folgende Sage ist überliefert:

Von Kohlstädt bis zur Kleinen Egge, dort, wo das Gebirge am höchsten ist, fährt der ewige Fuhrmann. Schon mancher hat ihn dort gesehen, wie er in dem Bach, in dem früher die Straße über das Gebirge lief, die steile Bergwand herauf, geradezu in die Höhe gefahren ist. Gewöhnlich sitzt er auf einem Schimmel mit einer weißen Mütze und einer langen Peitsche. Vor sich und neben sich hat er je einen Braunen gespannt, doch haben ihn andere auch schon mit sechs Schimmeln fahren sehen. Wie das aber gekommen ist, dass er hier ewig fahren muss, wird so erzählt: Die Einwohner von Horn haben über alles in der Welt gern Lachs essen mögen und deshalb einmal einem Fuhrmann, von dem sie glaubten, dass er solchen führe, an dieser Stelle aufgelauert und ihn erschlagen. Derjenige, der diese böse Tat begangen hat, muss nun ewig hier fahren. Die aus Horn nennt man deswegen noch heute, so verärgert sie auch darüber sein mögen, Lachsfresser.

(NACH KUHN 1859)

Nachtgesicht im Lippischen Wald

Ein Förster ging einmal zu mitternächtlicher Stunde durch den Wald. Da sah er plötzlich eine vierspännige Kutsche, die, von weißen Pferden gezogen, in rasender Eile durch die Lüfte sauste. Vom Wagen aus loderten helle Feuerflammen, die eine grausige Gestalt beschienen, die die Rosse mit einer Peitsche lenkte. Er hörte grässliche Flüche, die Gott und seine Geschöpfe verwünschten. Den Kopf hatte die Gestalt unter dem Arm und feurig rotes Blut spritzte aus seinem Hals. Mit lautem „Hoho, huhu, hihi!" fuhr der Reiter peitschenknallend durch die Lüfte und verschwand schließlich in der Hölle, woher er auch gekommen war. Wieder zu Hause angekommen, suchte der Förster nach einer Erklärung für das Gesehene und schlug in einer Chronik nach. Dort las er, dass an der besagten Stelle einst ein Ungar von Räubern überfallen und ermordet worden war.

(NACH SCHWANOLD/WIEMANN O.J.)

Ein Hügelgrab mit Baumsarg am Rand der Senne

Der herumziehende Jäger

In dieser Sage wird die Bedeutung der Jagd für den Adel deutlich. Das Jagdglück des Försters wird in Verbindung gesetzt mit Zauberkraft und dunklen Mächten. Daraus ergibt sich zunächst ein Vorteil für den Edelmann, und erst als es ihm nach einiger Zeit doch zu unheimlich wird, beendet er den Spuk. Der Wald wird als bedrohlich und menschenfeindlich beschrieben. Die Brüder Grimm erzählen die Geschichte wie folgt:

Es trug sich zu, dass in einem großen Walde der Förster, welcher die Aufsicht darüber führte, totgeschossen wurde. Der Edelmann, dem der Wald gehörte, gab einem andern den Dienst, aber dem widerfuhr ein Gleiches, und so noch einigen, die aufeinanderfolgten, bis sich niemand mehr fand, der den gefährlichen Wald übernehmen wollte. Sobald nämlich der neue Förster hineintrat, hörte man ganz in der Ferne einen Schuss fallen, und gleich auch streckte eine mitten auf die Stirn treffende Kugel ihn nieder; es war aber keine Spur ausfindig zu machen, woher und von wem sie kam.

Gleichwohl meldete sich nach ein paar Jahren ein herumziehender Jäger wieder um den Dienst. Der Edelmann verbarg ihm nicht, was geschehen war, und setzte noch ausdrücklich hinzu, so lieb es ihm wäre, den Wald wieder unter Aufsicht zu wissen, könnte er ihm doch selbst nicht zu dem gefährlichen Amte raten. Der Jäger antwortete zuversichtlich, er wolle sich vor dem unsichtbaren Scharfschützen schon Rat schaffen, und übernahm den Wald. Anderntags, als er, von mehreren begleitet, zuerst hineingeführt wurde, hörte man, wie er eintrat, schon in der Ferne den Schuss fallen. Alsbald warf der Jäger seinen Hut in die Höhe, der dann, von einer Kugel getroffen, wieder herabfiel. „Nun", sprach er, „ist aber die Reihe an mir", lud seine Büchse und schoss sie mit den Worten: „Die Kugel bringt die Antwort!" in die Luft. Darauf bat er seine

Gefährten, mitzugehen und den Täter zu suchen. Nach langem Herumstreifen fanden sie endlich in einer an dem gegenseitigen Ende des Waldes gelegenen Mühle den Müller tot und von der Kugel des Jägers auf die Stirn getroffen. Dieser herumziehende Jäger blieb noch einige Zeit in Diensten des Edelmanns, doch weil er das Wild festbannen und die Feldhühner aus der Tasche fliegen lassen konnte, auch in ganz unglaublicher Entfernung immer sicher traf und andere dergleichen unbegreifliche Kunststücke verstand, so bekam der Edelmann eine Art Grausen vor ihm und entließ ihn bei einem schicklichen Vorwande aus seinem Dienst.

(Brüder Grimm 1865)

Die Füße der Zwerge

Vor alten Zeiten wohnten die Menschen im Tal und rings um sie herum in Klüften und Höhlen die Zwerge. Sie waren freundlich und meinten es gut mit den Leuten, denen sie manche schwere Arbeit des Nachts verrichteten. Wenn nun das Landvolk frühmorgens mit Wagen und Geräten herbeizog und staunte, was alles schon getan war, steckten die Zwerge im Gesträuch und lachten aus vollem Herzen. Manchmal erzürnten die Bauern jedoch, wenn sie ihr noch nicht ganz reifes Getreide auf dem Acker bereits niedergeschnitten fanden. Aber wenn dann Hagel und Gewitter hereinbrachen und sie sahen, dass dadurch wahrscheinlich kein Halm heil geblieben wäre, dankten sie innig dem vorausschauenden Zwergenvolk.

Eines Tages aber verscherzten sich die Menschen durch ihren Frevel die Gunst der Zwerge, die daraufhin entflohen und seitdem nie wieder gesehen wurden. Die Ursache dafür war diese: Ein Hirte hatte oben am Berg einen großen Kirschbaum stehen. In einem Sommer, als die Früchte des Baumes gereift waren, fand er dreimal hintereinander nachts den Baum abgeerntet vor. Alles Obst war auf die Bänke und Hürden getragen worden, wo der Hirte sonst die Kirschen aufzubewahren pflegte. Die Leute im Dorf sprachen: „Das tut niemand anders als die redlichen Zwerge. Die kommen bei Nacht in langen Mänteln mit bedeckten Füßen dahergetrippelt, und schaffen fleißig und leise wie Vögel der Menschen ihr Tagwerk. Schon viele Male hat man sie heimlich belauscht, aber man stört sie nicht, sondern lässt sie kommen und gehen."

Durch diese Reden wurde der Hirte neugierig und hätte gern gewusst, warum die Zwerge so sorgfältig ihre Füße verbergen und ob diese anders gestaltet seien als Menschenfüße. Da nun das nächste Jahr wieder der Sommer und die Zeit kam, dass die Zwerge heimlich die Kirschen pflückten und in den Speicher trugen, nahm der Hirte einen Sack voller Asche und streute diese rings um den Baum herum aus. Am anderen Morgen bei Tagesanbruch eilte er zur Stelle hin, und er sah unten in der Asche die Spuren von vielen Gänsefüßen eingedrückt und der Baum war vollständig leer gepflückt. Da lachte der Hirte und spottete, dass das Geheimnis der Zwerge gelüftet war. Bald darauf aber zerbrachen und verwüsteten die Zwerge ihre Häuser und flohen tiefer in die Berge hinein, grollten dem Menschengeschlecht und versagten ihm künftig ihre Hilfe. Jener Hirte aber, der sie verraten hatte, wurde krank und siechte bis an sein Lebensende dahin.

(BRÜDER GRIMM 1865)

In der germanischen und der nordischen Mythologie – insbesondere in den Islandsagas – werden Zwerge als zumeist unterirdisch lebende Wesen beschrieben, die übermenschliche Kraft und große Macht haben. Das Aussehen der Zwerge ist dem der Menschen ähnlich, sie erreichen jedoch nur die Größe eines Kindes. Von ganz besonderer Gestalt sind ihre Füße, weshalb die Zwerge diese auch vor den Augen der Menschen verbergen. Die Füße gleichen denen einer Gans. Wenn nun, wie in der Sage berichtet wird, ihr Geheimnis durch einen Menschen mit List gelüftet wird, sind die Zwerge sehr ungehalten und traurig darüber. Die Folge ist, dass sie sich von den Menschen abwenden und ihnen nicht mehr bei der alltäglichen mühevollen Arbeit helfen.

Oesterholz-Haustenbeck

Der Ort Oesterholz wurde bereits um das Jahr 850 erstmals erwähnt, nämlich als „Astonholteimarki" in einer Urkunde des Klosters Corvey. Der sächsische Adelige Bevo vermachte um seines Seelenheils Willen dem Kloster seinen hier gelegenen Grundbesitz. Der Ortsname wandelte sich dann über das Plattdeutsche „Astanholte" zu „Oesterholz".

Archäologische Funde offenbaren, dass die Umgebung bereits früh von Menschen besiedelt war. Dies zeigt ein Hügelgräberfeld aus der Bronzezeit, das hier entdeckt wurde. 1982 wurde an dieser Stelle ein archäologischer Lehrpfad eingerichtet. Er zeigt mehrere

Das Jagdschloss in Oesterholz

Grabhügel und ein Längsschnitt durch zwei nachgebildete Hügelgräber veranschaulicht ihren Aufbau. Diese Siedlungsspuren aus der Bronzezeit sind aufgrund ihrer Seltenheit ein bedeutendes und einzigartiges Bodendenkmal im Lipper- und Paderborner Land.

In geschichtlich viel späterer Zeit stand am Ort ein Jagdschloss, das Graf Simon VI. zur Lippe Ende des 16. Jahrhunderts errichtet hatte. Von diesem Bauwerk ist nur wenig erhalten geblieben. Zu sehen ist noch ein Fachwerkwohnhaus, das Eingangsportal von 1665 und die repräsentative Zufahrt zum Jagdschloss, die imposante Fürstenallee.

Der Ort Haustenbeck wurde im Zuge der Besiedlung der Sennelandschaft im ausgehenden 17. Jahrhundert gegründet. Er zählte zu den ärmsten Siedlungen des Landes, weil die kargen Böden der Senne den Bauern kaum Ertrag lieferten und ihnen damit nur ein wenig anspruchsvolles Leben ermöglichten. Im Zuge der Erweiterung des Truppenübungsplatzes wurde die Siedlung 1939 aufgegeben und die hier ansässigen Familien umgesiedelt.

Wodans Auge

Als Wodan noch in den Wäldern des Osnings hoch oben auf der Grotenburg wohnte, kehrte er einmal von einer seiner Sturmfahrten heim, den dunklen, weiten Mantel umgehängt, den Schlapphut tief ins Gesicht gezogen. Unter einer riesigen alten Eiche erwartete ihn bereits seine Frau Freya und begrüßte ihn mit großer Freude. Im selben Moment aber erschrak sie, als sie bemerkte, dass Wodan nur noch ein Auge hatte. Wodan aber sagte ruhig zu ihr: „Aus unserer geliebten Senne traf ich die Haustenbecker, jene Getreuen, die aus dem Süden zu uns gekommen sind, als die Senne und das umliegende Flachland noch ein großes Wasser waren. Die Männer klagten nun, dass die Senne jetzt dürr und wasserarm geworden sei, sodass Mensch und Tier große Not litten. In meinem Schmerz darüber fiel mir eine Träne aus dem Auge und gleichzeitig hatte ich eine Idee, wie das Senneland gerettet werden kann: Ich riss mir ein Auge aus und warf es ins Land. Dort liegt es jetzt als tiefer See, der das Land ringsum unterirdisch befeuchten wird." Wodan zeigte in die Richtung, wo heute Bad Lippspringe liegt: „Sieh nur den silbern wogenden Teich und darin die tiefe runde Stelle, die blaugrün leuchtet!" Freya rief hinunter: „Ich grüße Wodans Auge!"

Der Teich ist auch heute noch zu sehen und schimmert geheimnisvoll im Schatten der alten Bäume.

(NACH PÖHLER 1986)

Kohlstädt

Der Ort Kohlstädt fand um 1036 seine erste Erwähnung unter dem Namen „Colstidi", der vermutlich von dem in Mittelalter und Neuzeit wichtigen Brennstoff und Energielieferanten Kohle herrührte. Das gesamte Mittelalter hindurch wurde aus den lippischen

Wäldern Holzkohle gewonnen. Eine Urkunde aus dem Jahr 1365 berichtet über die „Kohlenstätten", und die Kohlenmeiler rauchten bis hinein ins 20. Jahrhundert.

Die Burgruine Kohlstädt, auch Kleine Herrenburg genannt, befindet sich direkt am Ortseingang. Sie wurde vermutlich zwischen 1000 und 1200 von den Schwalenberger Grafen, den Schutzvögten des Klosters Corvey, im fränkisch-normannischen Stil in Form einer Turmhügelburg errichtet. Sie liegt nahe dem Ufer des Baches Strothe und schützte und kontrollierte den Pass über die Kleine Egge im Kreuzungspunkt der Wege am Sennehellweg. 1365 ging die Burg in den Besitz der Edelherren zur Lippe über und diente fortan auch als Bollwerk gegen den Paderborner Bischof. Da die Burg bereits gegen Ende des 14. Jahrhunderts von ihren Bewohnern verlassen wurde, verfiel sie in den nachfolgenden Jahrhunderten. Heute ist an der Stelle nur noch ein kleiner Rest des Mauerwerks zu sehen.

Die alte Kirche von Kohlstädt

Unterhalb von Kohlstädt liegt an der Straße am Bach ein verfallenes, altes Gemäuer. Die Leute sagen, es seien die Reste einer alten Kirche. In der Nacht hört man hier gelegentlich ein leises Wimmern wie von kleinen Kindern und auch ein Weinen, so, als ob Mütter klagen. Es sind die Stimmen der Kinder, die in der Heidenzeit dort von ihren Müttern geopfert wurden. Der in der Nähe befindliche Berg heißt deshalb auch „Weinberg", weil die Mütter von dort aus diese schreckliche Zeremonie verfolgen mussten.

(NACH KUHN 1859)

Die Höhlen bei Kohlstädt

In der Gegend von Veldrom und Kohlstädt liegen mehrere Höhlen im Teutoburger Wald. Die bekanntesten sind der Bielstein und der Hohlenstein. Vom Bielstein erzählt diese Sage:

Tief in der Höhle sind große Schätze aufgehäuft. Gold und Edelsteine liegen dort in großer Menge. Neben ihnen aber liegt in Hundegestalt der Teufel, der die Schätze bewacht, aber niemand kann ihn sehen. Wer nun in die Höhle hineingeht, um die Schätze zu holen, den ergreift er, und es ist um ihn geschehen. Er bleibt in des Teufels Gewalt und kommt nie wieder ans Licht der Sonne zurück.

Zwei Geschichten handeln vom Hohlenstein:

Im Hohlenstein wohnen die Wichtelmänner und Wichtelweibchen in einem schönen Schloss, das von Licht glänzt und von kostbarem Gestein nur so funkelt. Draußen vor der Höhle hört man lockende, verführerische Stimmen, die den Wanderer betören sollen. Wer nun aber den Lockungen folgt und in die Höhle geht, der wird von all dem

Die Passstraße „Gauseköte" an der Falkenburg

Glanz so geblendet, dass er den Rückweg nicht mehr finden kann und auf ewig in der dunklen Grotte umherirren muss.

Vor vielen Jahren wurden einmal zwei Enten in die Hohlensteinhöhle getrieben, um zu erfahren, wo die Höhle einen weiteren Ausgang hat. Die Enten kamen schließlich nach einigen Wochen unter dem Dom zu Paderborn, an der alten Karlsburg, dort, wo die Pader entspringt, wieder zum Vorschein.

Die nächste Sage versucht, die Namen für Flurbezeichnungen zu erklären und sie in einen mythisch-religiösen Zusammenhang zu stellen:

Aufwärts von Kohlstädt liegen Höhlen am Walde, davon heißt eine der hohle Stein, die andere der Bielstein. Man erzählt, in Letzterer stehe in einer Kammer zur Rechten ein großer Tisch, der sei ganz mit Gold bedeckt, welches dem Teufel gehöre. Deshalb liegt auch ein Hund unter dem Tische, der es bewacht, und daher hat es bis jetzt noch niemand holen mögen. In der Nähe dieser Höhlen liegen der große und der kleine Totengrund und die Leichwege, ebenfalls Hinweise auf diese schaurigen, mythischen Ursprünge.

(NACH KUHN 1859)

Horn-Bad Meinberg

An dieser Stelle sei kurz etwas über die für Außenstehende verwirrenden Ortsbezeichnungen Veldrom und Feldrom gesagt: Nicht nur begrifflich getrennt wurden das katholische Feldrom und das evangelische Veldrom im Zuge der Grenzziehung zwischen dem Königreich Preußen und dem Fürstentum Lippe. Erst 1970 wurden Veldrom, Feldrom und Kempen zu Horn-Bad Meinberg eingemeindet. Der Spellerberg liegt unweit des Dorfes Veldrom mitten im Teutoburger Wald. Der weit abseits von den menschlichen Siedlungen aufragende Berg regte zu folgender Sage mit sehr alten, ursprünglichen Motiven an:

Die Schatzgräber im Spellerberg

Tief im Spellerberg lag ein Schatz verborgen, der von einem Zwerg bewacht wurde. Eines Tages fasste der Bauer Lukebart gemeinsam mit einigen Genossen den Plan, den Schatz zu holen. Er nahm zum Schutz gegen Spuk und böse Geister etwas Garn mit, das zur Kirchenzeit gesponnen wurde. In einer stürmischen, dunklen Nacht zogen sie los. Als sie am Spellerberg ankamen, saß der Zwerg vor seiner Wohnung, ließ Irrlichter tanzen, sprang schließlich auf und spielte einen Tanz:

„Lichtchen hin, Lichtchen her!
Hüpfet wie die Roten!
Aufwärts, unter, in die Quer,
nichts sei euch verboten!
Auf die Köpfe baut ein Nest!
Seid nur Pfröpfe, setzt euch fest!

Wichtchen grün, Wichtchen blau!
Rot und gelb wie Feuer,
werft euch aus sie wie der Tau,
recht nach meiner Leier!
Auf die Köpfe, ins Gesicht!
Seid nur Pfröpfe, schadet nicht!“

Als die Schatzgräber die Irrlichter sahen, wie sie im Takt wie toll um sie herumtanzten und ihnen sogar in Mund, Nase und Augen drangen, schwand ihnen ganz und gar der Mut. In wilder Flucht stürzten sie davon und hinter ihnen erscholl das höhnende Gelächter des Zwerges.

(NACH SCHWANOLD/WIEMANN O.J.)

Halt den Mittelweg!

Der hier wiedergegebene Text des Lyrikers und Publizisten Ernst Moritz Arndt zeigt den heidnischen Gott Wodan in der ganzen Bandbreite seiner verschiedenen Erschei-

Das Hügelgrab in Oesterholz

nungsformen, so, wie er in der Bevölkerung gesehen und wahrgenommen wurde. Die Entstehungszeit des Textes, die Zeit der Freiheitskriege und die Epoche der Romantik, spiegelt sich in Inhalt und Sprachstil deutlich wider. Aus diesen Gründen stelle ich den Text in seiner ursprünglichen Fassung vor:

Ihr habt wohl zuweilen von dem Wode gehört, dem wilden Jäger, der des Nachts durch Wald und Feld streunt und ruft: „Hallo! Hoho! Halt den Mittelweg! Halt den Mittelweg!" Dieser war vormals vor langen, langen Zeiten ein großer Fürst im Sachsenlande, der viele Burgen und Schlösser und Dörfer und Forsten hatte. Er liebte von allen Dingen in der Welt am meisten die Jagd und lebte mehr in den wilden Wäldern als auf seinen Schlössern und war überhaupt eines jähen und wüthigen Gemüthes und ein rechter Zwingherr. Dieser Fürst hat, als er noch lebte, das begangen, was einem keiner glauben will und was jeder für eine Fabel erklärt aus der allerältesten und allergrausendsten Heidenzeit. Ein Hirtenknabe hatte in seinem Walde einen jungen Baum abgeschält und sich aus der abgeschälten Rinde eine Schalmei gemacht. Diesem armen unschuldigen Knaben hat der Unhold den Leib aufgeschnitten und das Ende des Gedärms um einen Baum gebunden, und nun hat er den Knaben so lange um den Baum treiben lassen, bis das Gedärm aus dem Leibe gewunden und der Knabe todt hingefallen war, und dazu hat er gerufen: „Das ist die Schalmei, worauf du blasen sollst; das hast du für dein Pfeifen." Einen Bauer, der auf einen Hirsch schoss, der ihm sein Korn abweidete, hat er ohne alle Barmherzigkeit lebendig auf den Hirsch festschmieden und das wilde Thier so mit ihm in den Wald laufen lassen. Da ist das geängstete Thier mit dem armen Mann so lange gelaufen und hat ihm Leib und Haupt und Schenkel an den Bäumen und Sträuchen so lange jämmerlich zerquetscht und zerrissen, bis zuerst der Bauer todt war, dann auch der Hirsch hinstürzte. Für solche gräuliche Thaten hat der ungeheure Mann endlich auch seinen verdienten Lohn bekommen. Er hat sich auf der Jagd mit seinem Pferde den Hals gebrochen, welches durchgegangen und so gewaltig gegen eine Buche gerannt ist, dass es den Augenblick todt hinfiel, dem Reiter aber an dem Baum das Gehirn in tausend Stücke zerstob. Und das ist nun seine Strafe nach dem Tode, dass er auch noch im Grabe keine Ruhe hat, sondern die ganze Nacht umherschweifen und wie ein wildes Ungeheuer jagen muss. Dies geschieht jede Nacht Winter und Sommer von Mitternacht bis eine Stunde vor Sonnenaufgang, und dann hören die Leute ihn oft „Wod! Wod! Hoho! Hallo! Hallo!" schreien; sein gewöhnlicher Ruf ist aber „Wod! Wod!" und davon wird er selbst an manchen Orten der Wode genannt. Der Wode sieht fürchterlich aus und fürchterlich sind auch sein Aufzug und sein Gefolg. Sein Pferd ist ein schneeweißer Schimmel oder ein feuerflammiges Ross, aus dessen brausenden Nüstern Funken sprühen. Darauf sitzt er, ein langer hagerer Mann in eiserner Rüstung, Zorn und Grimm funkeln seine Augen und Feuer fliegt aus seinem Angesicht; sein Leib ist vorübergebeugt, weil es immer im hallenden sausenden Galopp geht; seine Rechte schwingt eine lange Peitsche, mit welcher er knallt und sein Wild aufjagt oder auch auf das verfolgte hauet. Wüthende Hunde ohne Zahl umschwärmen ihn und machen ein fürchterliches Getose und Geheul; er aber ruft von Zeit zu Zeit drein: „Wod! Wod! Hallo! Hallo! Halt den Mittelweg! Halt den Mittelweg!" Seine Fahrt geht meistens durch wilde Wälder und öde Haiden und in der Mitte der ordentlichen Straßen und Wege darf er nicht reiten. Trifft er zufällig auf einen Kreuzweg, so stürzt er mit Pferd und Mann und Maus fürchterlich über Kopf und rafft sich weit jenseits erst wieder auf; doch auch die, welche er jagt, dürfen diesem Kreuzwege nicht zu nah kommen. Und was für Wildpret jagt er? Unter den Thieren alles diebische und räuberische Gesindel, welches zur Nachtzeit auf Mord und Beute schleicht, Wölfe, Füchse, Lüchse, Katzen, Marder, Iltisse, Ratten, Mäuse und von Menschen Mörder, Diebe, Räuber, Hexen und Hexenmeister und alles, was von dunklen und nächtlichen Künsten lebt. So muss dieser Bösewicht, der im Leben so viel Unglück anrichtete, es gewissermaaßen im Tode wieder gutmachen. Er hält, was die Leute sagen, die Straße rein; denn wehe dem, welchen er bei nächtlicher Weile auf verbotenen Schleichwegen oder im Felde und Walde antrifft, und der nicht ein gutes Gewissen hat! Wie mancher muss wohl zittern, wenn er sein „Hoho! Hallo! Halt den Mittelweg! Halt den Mittelweg!" hört! Denn gewöhnlich jagt er, was er vor seine Peitsche kriegt, so lange, bis es die Zunge aus dem Halse streckt und todt hinfällt. Am strengsten ist der wilde Jäger gegen die Hexen und Hexenmeister; diesen ist der Tod das gewisseste, wenn er sie einmal in seiner Jagd hat, wenn sie nicht etwa eine Alfranke oder eine Hexenschlinge finden, wo sie durchschlüpfen mögen, denn dann sind sie für das Mal frei. Alfranke ist ein kleiner Strauch, der im Walde steht und im ersten Frühlinge grünt und sich gern um andere Bäume schlingt und rankt und dabei oft eine Schlinge mit einer Öffnung macht, wodurch etwas schlüpfen kann. Eben so wachsen einzelne Zweige von Bäumen oft so wundersam zusammen, dass sie ein rundes Loch einer Schlinge gleich bilden, oft weit genug, dass ein Ochs durchschlüpfen könnte; wie viel leichter ein Mensch! Das nennt man eine Hexenschlinge oder einen Hexenschlupf; denn wann sie in der Noth ein solches treffen und dadurch wischen, darf niemand sie anrühren.

(ARNDT 1818)

Die Externsteine

Die Namensherkunft der im Lippischen Wald gelegenen Sandsteinfelsen zwischen Horn und Holzhausen ist nicht eindeutig geklärt. Die heutige Schreibweise „Externsteine" ist erst seit dem Ende des 19. Jahrhunderts gebräuchlich. Vorher waren die Bezeichnungen Eggster-, Eggester- und Agistersteine üblich. Aus diesen Formen können die Wörter „Elster" oder „Egge" (lang gestreckter Hügelkamm; Felsgrat) gelesen werden. Der Name könnte also „Steine an der Egge" bedeuten. Dies trifft in doppelter Hinsicht zu, da die Felsen einerseits selbst einen lang gestreckten Grat bilden und sie andererseits am Nordrand des Eggegebirges liegen. In Verbindung mit der Vogelart würde es sich dagegen um „Elsternfelsen" handeln. Diese Rabenvögel hatten in der Mythologie und Religion unserer Vorfahren als „Vögel Wodans" immerhin eine besondere Bedeutung und genossen eine entsprechende Verehrung.

Geologisch betrachtet sind die Externsteine vor etwa 70 Millionen Jahren im Zuge der saxonischen Gebirgsbildung durch senkrechte Faltung der Gesteinsschichten entstanden. Die an dieser Stelle zunächst waagerecht liegenden Gesteinsschichten wurden durch gewaltigen Druck gefaltet und senkrecht gestellt. Die heutige Form ist Folge der Verwitterungsprozesse. Die imposante Felsformation der Externsteine hat als Natur- und Kulturdenkmal schon immer die Menschen in ihren Bann gezogen. In allen Zeiten haben sich ganze Heerscharen von Heimatforschern, Schriftstellern und Wissenschaftlern mit diesem Phänomen auf vielfältige Weise beschäftigt und – wen wundert's – eine dementsprechend bunte Palette an Werken hervorgebracht, die zwischen wissenschaftlicher Forschung und esoterischer Deutung liegen. Insbesondere um die Entstehung der Externsteine ranken sich einige Sagen.

Sage vom Externsteine, am Teutoburger Walde

Als das Kreuz Christi bey uns gepredigt wurde, so ärgerte sich der Teufel, dass er immer eine Gegend nach der andern verlor. Er hatte lange die Gegend vom Externsteine nicht besucht und hoffte immer, dass es über den Damm nicht herüber könnte. Da er aber überall flüchten musste, so wollte er sich nun nach dem Externsteine zurückziehen. Er kam an und sah eine große Menge Menschen, die vor dem Kreuze niederfielen, das man noch an den Felsen ausgehauen sieht, und die zu der Capelle auf der Spitze des steilsten Felsen und zu dem Grabe am Abhange des vordersten Felsen eine Procession hielten. Das verdross den Teufel. Er sah einen Priester mit einem Crucifix von der Capelle kommen, er ergriff ein großes Felsenstück und schleuderte es nach

Die Externsteine mit dem Waldsee

ihm. Aber die Macht des Kreuzes gab dem Steine eine andere Richtung und er blieb auf einer Felsenspitze hängen. Da sprach der Priester den Fluch über ihn aus, und der Teufel flüchtete bey dem ausgehauenen Kreuze vorbey, an dem untersten Abhange des Berges zu dem Grabe. Hier fasste er mit seinen Krallen hinein, die noch deutlich darinn zu sehen sind, konnte es aber nicht zerstören. Da stemmte er sich gegen den großen Felsen, um ihn niederzuwerfen. Er drängte so gewaltig, dass er ein tiefes Loch in den Felsen drückte, und die Flamme schlug daran in die Höhe, wie noch deutlich zu sehen. Der Felsen blieb aber unbeweglich stehen, weil das Kreuz daran ausgehauen war. Da ging der Teufel fluchend fort und drohte, der Stein, den er zuerst gegen den Priester schleuderte, der solle noch einmal eine Bürgersfrau aus der Stadt Horn umbringen. Die Bürger aus Horn gaben sich alle Mühe, diesen Stein herunterzubringen, der ganz lose zu liegen scheint, es war ihnen aber bis jetzt unmöglich. Seit einem Jahre geht die Landstraße zwischen dem, worauf der Stein liegt, und einem andern Felsen durch.

Aus mündlicher Ueberlieferung aufgenommen von Sigurd Albrok.

(Albrok 1818)

Diese Sage von den Externsteinen stammt aus der Feder Werner von Haxthausens, der die kleine Geschichte im Jahr 1818 in der „Wünschelruthe“ unter dem Pseudonym Sigurd Albrok veröffentlichte. Sie ist ein weiteres Beispiel für die große Bedeutung der Familie von Haxthausen im Zusammenhang mit der Sammlung und Bewahrung von

Sagen und Märchen aus der Volksüberlieferung. Diese Sage zeigt zudem die starke Ausprägung und den hohen Stellenwert der Volksfrömmigkeit im Leben der Landbevölkerung, indem die Kraft christlicher Symbole und die Macht Gottes gegenüber dem Bösen als alles besiegend dargestellt werden. Weitere Sagen rund um die Entstehung der Externsteine lauten wie folgt:

Als man daranging, das Felsstück festzuklammern, das drohend oben auf dem vierten Felsen der Externsteine liegt, und die Maurer mit Hämmern und Eisen zu klopfen anfingen, da kam vom Walde her ein heftiges Brausen, das wie Sturmwind und Wagengerassel klang, fuhr durch die Baumkronen und gerade auf den Stein los, an dem die Leute arbeiteten. Vor Schreck konnten sie kein Glied rühren. Sie hörten aus dem Sturm die gellend scharfen Worte: „Was habt ihr bei meinem Stein zu tun?“ Unten auf dem Erdboden hatte man von alldem nichts vernommen. Es waren die Zwerge aus dem Spellerberge, vom Bielstein und Hohlenstein, die im Irrlichtschein mit Sturmgebraus durch die Lüfte gezogen kamen.

(NACH KUHN 1859)

Der Teufel und die Externsteine

Wer kennt ihn nicht, den Wackelstein am Felsentor der Externsteine? Es war der Teufel, der ihn in seiner Wut dorthin geschleudert hat. Wie das geschah, berichtet die folgende Sage:

Ein Bauer pflügte nach einem schweren und harten Winter seinen Acker. Seine Scheune war bei einem Feuer abgebrannt. Zu all dem Leid kam hinzu, dass die Bäuerin mit hohem Fieber darniederlag. Die Kinder sahen bleich und schwach aus, auch weil die Kühe, die sonst die gute Milch spendeten, einer Seuche erlegen waren. Nach einer Weile hielt der Bauer in seiner Arbeit inne und fragte sich besorgt, wie er nur all seine Schulden bezahlen sollte. Da stand plötzlich ein schwarzer Schatten vor ihm, der ihn voller List mit menschlicher Stimme ansprach: „Das Elend steht dir und deiner Familie ins Gesicht geschrieben. Es ist dir nur mit einem Beutel voller Goldstücke geholfen. Hier ist er, schau nur hinein!“ Es glänzte hell im Ledersack! Der Bauer konnte kaum seinen Blick davon abwenden. Er strich sich über die schweißnasse Stirn, besann sich und fragte den Schwarzen was er dafür verlange. „Nun“, erwiderte der Teufel, „umsonst ist nur der Tod und der kostet doch das Leben. Der Beutel samt Inhalt gehört dir, wenn du mir nach deinem Tod deine Seele verschreibst.“ Da kam die Bäuerin mit einer Stärkung für den Bauern und mit etwas Hafer für das Pferd. Sie bemerkte schnell, was hier gespielt wurde, und der Teufel beeilte sich, ein neues Angebot zu machen: „Ich werde für euch hier ein Schloss bauen, wie es in der ganzen Gegend kein zweites gibt!“ Kurzentschlossen erwiderte die Bäuerin: „Das alles muss vor dem ersten Hahnenschrei fertig sein und der Beutel bleibt sofort bei uns.“ Der Bauer fügte sich, auch, weil er die Klugheit seiner Frau kannte, und der Teufel rief siegesgewiss: „So soll es geschehen!“ Er drehte sich um und im Nu rauschte

Die Externsteine mit dem Wackelstein rechts oben

es in der Luft und im Steinbruch wurde es lebendig. Steine wurden gebrochen und noch vor dem Abend war der Schlosshof mit einer Mauer umgrenzt. „Es ist noch viel Zeit bis zum ersten Hahnenschrei!", tröstete die Bäuerin ihren immer ängstlicher dreinschauenden Mann. „Lass mich nur machen!" Mitternacht war vorüber, da stand das Schloss schon mit seinen Grundmauern. Der Bauer sah mit bleichem Gesicht zu, wie die Schar schwarzer Gesellen Stein um Stein herantrugen. Das Schloss war nun nahezu fertig und es wurde damit begonnen, den Schlossteich zu graben, als der erste Morgenschimmer am Horizont erschien. Da ging die Bäuerin leise in den Hühnerstall und sah, wie der stolze Hahn auf der vordersten Stange saß, um sich für den ersten Morgenschrei auszuruhen. Die Bäuerin ließ durch die spaltbreit geöffnete Tür einen Schimmer des Frühlichts auf den Hahn fallen und ahmte das Gackern der Hennen nach. Da erhob sich der Hahn mit lautem „Kikeriki". In diesem Augenblick erdonnerten die Berge und im Sturm stoben die schwarzen Gestalten davon. Ihr Oberster aber, der gerade den letzten Eckstein des Gemäuers herbeitrug, warf diesen voller Wut an die Felsenmauer, sodass das fast fertige Schloss in Trümmern fiel. Die Steinbrocken, die übrig blieben, liegen noch heute dort und auch der Teich ist noch zu sehen. Der Eckstein hängt am Felsentor, so, wie ihn der Teufel dorthin geworfen hat. Der Bauer aber hatte den Goldschatz gut angelegt: Er konnte seine Schulden begleichen, die Scheune wieder aufbauen, Kühe und Schweine kaufen und mit neuen Kräften, fleißiger als zuvor, arbeiten. Weil er so eine kluge Ehefrau hatte, kam der Teufel nie wieder zu ihm.

(NACH PÖHLER 1986)

Die Eggester Steine

Unsere heidnischen Vorfahren waren fast alle von Karl dem Großen besiegt und zur Taufe gezwungen worden. Nur Herzog Wittekind stand mit einigen Gefolgsleuten noch treu und fest zum Glauben der Väter. Es wurde jedoch immer schwerer, sich gegen die Übermacht des Kreuzes zu behaupten. Da erschien ihm eines Nachts der Teufel und versprach ihm, einen Heidentempel für seine Götter zu bauen, der so gewaltig werden solle, dass ihn der christliche König nicht zerstören könne. Um dieses Heiligtum könnten sich dann all diejenigen scharen, die noch in fester Einigkeit zu ihren Göttern stehen. Auch viele der getauften Sachsen würden wieder zu ihrem alten Glauben zurückkehren, da die christliche Lehre bei den meisten der Unterworfenen noch keine festen Wurzeln getrieben habe. Als Preis dafür verlangte der Teufel von Wittekind, dass er und die Seinen niemals ihren alten Glauben aufgeben. Mit Freude willigte der Sachsenherzog ein und der Teufel wollte in der nächsten Vollmondnacht mit seinem Werk beginnen, das dann in einer Nacht beendet sein sollte. Von nun an hatten die Sachsen wieder Erfolge im Kampf gegen Karl und seine Franken und Wittekinds Anhang wuchs von Tag zu Tag. Als nun die Zeit des Vollmonds kam, begann der Teufel wie vereinbart mit seinem Werk. Er schleppte ungeheuer große Felsen zusammen und türmte sie zu Gewölben und Hallen von ungeahnten Ausmaßen übereinander. Als nun der Tempel kurz vor der Vollendung stand, hatte Wittekind eine plötzliche Eingebung Gottes und erkannte sein falsches Handeln. Er ritt eiligst in das Lager Karls des Großen und ließ sich reumütig taufen. Der Teufel, der dies gesehen hatte, riss nun voller Wut den ganzen Tempel ein und zerstreute die Felsblöcke in der Umgebung. Das sind die Eggester Steine, die heute noch weithin sichtbar und mächtig am Eingang des Osning stehen. Oben auf einem der Felsen befindet sich aber noch ein kleiner Raum mit einem Opferstein. Den hat der Teufel bei seinem Zerstörungswerk wohl vergessen.

(Nach Seiler 1848)

Die Hornsche Bürgertreue

Nach den heute bekannten Urkunden wurde die Stadt Horn um 1248 gegründet. Die alte Burg Horn konnte einhundert Jahre später, im Jahr 1348, fertiggestellt werden. Die Burg wurde in der Folgezeit als Wehr- und Wohnbau der Edelherren und späteren Grafen zur Lippe genutzt. Die Stadt und das Land ringsum hatten, wie ganz Lippe, schwer unter den Folgen der Soester Fehde (1444–1449) und des Dreißigjährigen Krieges (1618–1648) zu leiden. Die hier vorgestellte Sage berichtet von der Befreiung des lippischen Grafen Simon durch die treuen Bürger der Stadt Horn. Aufgrund der geschichtlichen Gegebenheiten ist allerdings an dieser Stelle eine Korrektur vorzunehmen: Bei dem in der Sage genannten Grafen handelte es sich nicht um Simon zur Lippe. Stattdessen war es wohl Graf Bernhard VII. zur Lippe, der wegen seiner vielen blutigen Fehden, in die er verwickelt war, auch „Bellicosus“ genannt wurde. Er schloss 1444 mit dem Herzog Adolf von Kleve-Mark

Die Burg Horn

einen Vertrag, wonach er diesem die Stadt Lippstadt zur Hälfte abtrat. Dadurch wurde er jedoch auch in die Soester Fehde mit dem Kölner Erzbischof verwickelt, in deren Verlauf das Lipperland verwüstet, die Stadt Blomberg fast dem Erdboden gleichgemacht und die Stadt Lippstadt belagert wurde. Graf Bernhard VII. focht seine Fehden mit wechselnden Gegnern und Verbündeten und ebenso wechselndem Erfolg aus. Hier nun die Sage in der Fassung, wie sie bisher in Horn erzählt wurde:

Graf Simon zur Lippe war ein edler Mann und ein guter Regent. Er wurde deshalb von seinen Untertanen geehrt und geliebt. Einst fiel ein Feind in sein Land ein, schlug sein Heer und nahm den Grafen gefangen. Er kam als Gefangener auf die feste Burg Ottenstein an der Weser und wurde in einen tiefen, dunklen Turm geworfen, wo er weder Sonne noch Mond sehen konnte. Da machten sich die Bürger von Horn auf, um ihren Herrn aus der Gefangenschaft zu befreien. Mit Lanzen, Beilen, Schwertern und Äxten bewaffnet, zogen sie vor die feindliche Festung. Sie überwältigten die Wachen, schlugen die Tore ein und drangen in die Burg. Da fand man den Kerker, in dem der Graf schmachtete, durch eine Eisentür verschlossen. Aber ein Schmied zerschlug sie mit einem Eisenhammer und so wurde der Graf befreit. Er umarmte den Hauptmann und drückte seinen Rettern die Hände. Froh zogen die Bürger nun wieder nach Hause. Eine Glocke, die sie erbeutet hatten, wurde im Rathausturm aufgehängt. Diese erinnerte die späteren Geschlechter an die edle und mutige Tat der Väter, bis sie in einem großen Brand zerstört wurde. Noch heute aber haben die Bürger von Horn das Recht, die vom Sturm gebrochenen Bäume aus dem Wald zu holen. Dieses Recht hatte ihnen der Graf zum Dank für ihre Liebe und Treue verliehen.

(NACH SCHWANOLD/WIEMANN O.J.)

Am Falkenberg

Der Hirschsprung

Südlich von Berlebeck, am Fuß des Falkenberges mit der Falkenburg, unweit des Forsthauses Hirschsprung, stehen zwei Steine an einem Abhang nahe der Berlebecke im Walde. Der obere ist vom unteren etwa vier Meter entfernt. So weit soll ein gehetzter Hirsch den Abhang hinuntergesprungen sein. An dem oberen Stein wurde eine Inschrift angebracht, von der jedoch kaum noch etwas zu lesen ist, die aber wohl an das Ereignis, von dem die folgende Sage erzählt, erinnert:

Einst soll an dieser Stelle ein jagdbesessener Graf im Eifer der Verfolgung seinen Tross verloren haben. Da sah er plötzlich auf einer Lichtung ein Rudel Wild. Auf der nahen Anhöhe stand ein starker Hirsch, der sichernd sein Rudel bewachte. Als der Hirsch nun den Jäger sah, machte er einen gewaltigen Satz von der Anhöhe ins Tal. Das Ross des Jägers setzte dem Tier sofort nach. Dabei stürzte es aber und begrub seinen Reiter unter sich. Als die Begleiter des Grafen ihn nach langer Suche fanden, war er bereits tot.

(NACH SCHWANOLD/WIEMANN O.J.)

Die Ruine der Falkenburg

Blick von der Falkenburg Richtung Detmold

Diese Jagdsage ist in ganz Deutschland in vielen Varianten verbreitet. Auch wenn die Geschichte kurz ist, stecken doch einige Botschaften darin. So war im Mittelalter die Jagd neben den festlichen Gelagen und der Teilnahme an Kriegszügen eine der Hauptbeschäftigungen des Adels. In dieser Sage wird aber auch noch eine Lebensweisheit vermittelt: Zu viel blinde Leidenschaft schafft letztlich Leid.

Der Falke und die Schwalbe

Oberhalb des Ortes Berlebeck liegt im Teutoburger Wald die Ruine der Falkenburg. Diese einstige Höhenburg wurde in den Jahren zwischen 1190 und 1194 von Bernhard II. und seinem Sohn Hermann II. zur Lippe errichtet. Der Bau des festen Hauses auf der Ostseite des Teutoburger Waldes war für sie der erste Schritt zur Festigung und Ausweitung ihres Macht- und Herrschaftsbereichs. Dadurch griffen die Edelherren zur Lippe jedoch in die Belange der alteingesessenen Adeligen, in diesem Fall der Grafen von Schwalenberg, ein. Eine Vielzahl von Streitigkeiten jeglicher Art war die Folge. Vom Ende des Konflikts der beiden Adelsgeschlechter berichtet die folgende Sage:

Seit undenklichen Zeiten herrschten im heutigen Lippischen Bergland und den angrenzenden Gebieten die Grafen von Schwalenberg, die eine Schwalbe in ihrem Wappen führten. Es war ein mächtiges Geschlecht, das hier einen Großteil seiner Besitzungen hatte. Sie saßen auf einer festen Burg, der Oldenburg, die nahe bei Marienmünster auf der Bergeshöhe stand, alles beherrschte und weit ins Land hineinschaute. Vom Schicksal dieses Adelsgeschlechts erzählt die folgende kleine Geschichte:

Das Herrenhaus der Domäne Hornoldendorf

Einstmals saß die Gräfin von Schwalenberg am Fenster ihrer Burg und blickte nach Westen zum Teutoburger Walde hinüber. Da sah sie über den Baumkronen einen mächtigen Turm sich erheben, und sie fragte ihren Gemahl, was das zu bedeuten habe. Der Graf sprach: „Das ist der Turm der Falkenburg. Die bauen die Edelherren zur Lippe, die sich hier in unseren Bergen einnisten wollen. Ich denke, das Nest werden wir bald brechen." Die Gräfin aber sprach: „O weh, mein Gemahl, ich habe diese Nacht im Traum gesehen, wie ein Falke eine Schwalbe mit seinen Krallen schlug und ihr mit seinem Schnabel die Augen aushackte." Einige Hundert Jahre später war das Geschlecht der Schwalenberger erloschen. Die Edelherren zur Lippe erlangten ihren Besitz und herrschten fortan an ihrer statt.

(NACH SCHWANOLD/WIEMANN O.J.)

3.3 SAGEN AUS DEM LIPPISCHEN BERGLAND

Der Herr von Hammerstein

Hornoldendorf, heute ein Ortsteil der Stadt Detmold, entstand im Jahr 1610, als auf Veranlassung des Grafen Simon VI. zur Lippe neun Höfe zu drei kleinen landwirtschaftlichen Betrieben, der Domäne Hornoldendorf, zusammengelegt wurden. Wegen seiner hohen Schulden musste der Graf bereits vier Jahre später die Domäne an seinen Hofmeister, Hans Adam von Hammerstein, abtreten, der ihm zur Tilgung der Schulden eine große Geldsumme geliehen hatte. In der Folgezeit gab es im Zusammenhang mit dem Gutshof viel Unruhe in der Bevölkerung. So kam es zu lang anhaltenden heftigen Auseinandersetzungen um die Ziegenhaltung, die Schafshude und die Dienstverpflichtungen der Bauern gegenüber dem Gutsherrn. Vor diesem Hintergrund ist die nächste kleine Geschichte besser zu verstehen:

Bei der großen Eiche zu Hornoldendorf, die mit ihrem gewaltigen Stamm aus einer Ecke der Gutsmauer hervorwächst, ist es nicht ganz geheuer. Dort reitet jede Nacht zur Geisterstunde der Herr von Hammerstein auf einem Schimmel in Richtung Heiligenkirchen. Wenn er bis zum Kreuzweg bei der Mühle gekommen ist, muss er umkehren. Denn über den Kreuzweg kann er nicht hinweggelangen. Er reitet dann wieder zurück bis zum Gutshof. So geht es eine ganze Stunde lang hin und her, weil er einfach keine Ruhe finden kann. Der Grund für diese Ruhelosigkeit liegt darin, dass er einmal im Krieg gelobt hat, sollte er den Krieg überleben, er das erste Wesen, das ihm aus seinem Haus entgegenkommt, opfern wolle. Als er nun heimkehrte, kam ihm als Erstes seine Tochter entgegen, um ihn zu begrüßen. Die hat er dann, so wie er es versprochen hatte, geopfert und muss nun zur Strafe in jeder Nacht bis zur Erlösung am jüngsten Tag herumwandern.

(NACH SCHWANOLD/WIEMANN O.J.)

Die Nusskerne oder Das Fräulein von Willberg

Der in der nachfolgenden Sage genannte Ort Wehren ist ebenso wie Wilberg heute ein Ortsteil der Stadt Horn-Bad Meinberg. Das Dorf Wilberg im Werretal ist ein altes Bauerndorf. Die geschichtliche Überlieferung des Klosters Corvey führt um 1100 zwei Höfe an der oberen Werre auf. Den Grundbesitz mitsamt den Hörigen hatte das Kloster unter der Bezeichnung „Meynburghun" kurze Zeit nach den Sachsenkriegen von sächsischen Grundbesitzern als Schenkung erhalten. Um diese Höfe zu verwalten, setzte das Kloster Corvey Ministeriale (Beamte) ein, die die Höfe als Lehen bewirtschafteten. Einer dieser Verwalter soll ein Herr „Wilburg" gewesen sein, dessen Name auf den Hof überging. Daraus kann geschlossen werden, dass auf diese Weise neben dem Haupthof – „Meinburg" (Meinberg) – mit dem zweiten Hof der Name „Wilburg" (Wilberg) entstand. Ein im 13. Jahrhundert erloschenes Adelsgeschlecht „derer von Wilberg" besaß nördlich und südlich des Ortes zwei Burgen. Vor diesem geschichtlichen Hintergrund ist die in der Sage vorkommende Bezeichnung „Wehren im Korveischen" zu verstehen.

Zwei junge Burschen, der Peter und Knipping zu Wehren im Korveischen, wollten Vogelnester suchen, der Peter aber, weil er erstaunend faul war, nachdem er ein wenig umgeschaut, legte sich unter einen Baum und schlief ein. Auf einmal war's ihm, als packte ihn einer an den Ohren, sodass er aufwachte und herumsah, aber niemand erblickte. Also legte er den Kopf wieder und schlief aufs Neue ein. Da kam's zum zweiten Mal und packte ihn an den Ohren, als er aber niemand gewahr werden konnte, schlief er zum dritten Mal ein. Aber zum dritten Mal ward er wieder gezupft, da war er das Ding müde, stand auf und wollte sich einen andern Ort suchen, wo er in Ruhe liegen könnte. Auf einmal aber sah er vor sich das Fräulein von Willberg gehen, das knackte Nüsse entzwei und steckte die Schalen in die Tasche und warf die Kerne auf die Erde. Als die Nüsse zu Ende gingen, war sie verschwunden. Der Peter aber war immer hinter ihr hergegangen, hatte die Nüsse aufgelesen und gegessen. Darauf kehrte er um, suchte den Knipping und erzählte ihm alles, was er gesehen hatte. Da gingen sie nach Haus, holten noch andere zur Hilfe und fingen an, da, wo das Fräulein verschwunden war, zu graben, und kamen da auf eine alte Küche, darin noch altes Kochgerät stand, endlich in einen Keller mit Tonnen voll Geld. Sie nahmen so viel, als sie tragen konnten, und wollten den andern Tag wiederkommen, aber alles war fort, und sie konnten die Stätte gar nicht wiederfinden, sie mochten suchen, wo sie wollten. Der Peter baute sich von seinem Geld ein Haus, darin er noch lebt.

(Brüder Grimm 1816)

Der Königsberg und Heiligenkirchen

In der Nähe von Detmold liegt der Königsberg. Über seinen Rücken hinweg verlief früher eine alte Heerstraße, die vom Rhein kommend durch die Senne an die Weser führte. Es wird erzählt, Karl der Große habe diesem Berg den Namen gegeben. Denn er hat hier im Jahr 783 n.Chr. eine Schlacht geschlagen, die fast verloren wurde – so berichtet es die Sage. Die Geschichte jedoch weiß, dass Karl der Große unsere Vorfahren, die Sachsen, im Jahr 783 bei Theotmalli, dem heutigen Detmold, schlug. Aber hören wir nun, was die Sage erzählt:

Im Kampf gegen die immer wieder aufbegehrenden, treulosen Sachsen kam es bei Theotmalli zu einer Schlacht zwischen dem christlichen Heer Karls des Großen und den Anhängern des heidnischen Glaubens unter der Führung Herzog Wittekinds. Vom Königsberg aus leitete König Karl diese Schlacht. Die Sachsen, die aufs Äußerste erbittert waren, weil Karl ein Jahr zuvor viele ihrer Landsleute bei Verden an der Aller hatte hinrichten lassen, kämpften wie die Berserker. Als für das Frankenheer die Niederlage drohte, gelobte der König in höchster Not, den Heiligen eine Kirche zu bauen, wenn sie ihm den Sieg verleihen würden. Und schon, wie durch ein Wunder, kamen die wankenden Reihen der Franken zum Stehen. Die Sachsen wurden blutig geschlagen und in die naheliegenden Wälder und Berge zurückgetrieben. Karl aber hielt Wort und ließ den Heiligen die versprochene Kirche gleich am Fuß des Berges errichten. Der Heiligen Kirche wurde sie genannt. Noch heute liegt sie da, umgeben von grünen Wiesen und einem Kranz aufragender Berge. Wer auf den alten Königsberg steigt und hinab ins Tal der Berlebecke auf die alte Kirche an seinem Fuß schaut, hört vielleicht noch das Raunen vom Leiden und Sterben in jenen fernen Zeiten.

(NACH SCHWANOLD/WIEMANN O.J.)

Detmold

Ob mit dem im Jahr 783 in den fränkischen Reichsannalen als „Theotmalli" erwähnten Ort das heutige Detmold gemeint war, ist umstritten, aber es ist wahrscheinlich. Der Name lässt sich aus dem Althochdeutschen herleiten und bedeutet „Volksgerichtsstätte" („theot" für das Volk; „mahal" für Gericht, Gerichtsstätte). Erstmals genannt wurde Theotmalli im Zusammenhang mit der oben erwähnten, von Karl dem Großen gewonnenen Schlacht gegen die Sachsen.

Dieser Ort am Werreübergang lag an einem alten Heer- und Handelsweg und erhielt im Jahr 1263 vom Edelherrn Bernhard III. zur Lippe das Lippstädter Stadtrecht. Die Stadt hatte um 1450 erst 350 Einwohner und blieb bis in das 17. Jahrhundert hinein die kleinste unter den lippischen Städten. Die Stadtentwicklung wurde nachweislich durch die häufigen Fehden des Mittelalters und die Kriege in der frühen Neuzeit behindert. 1366 wird erstmals eine Burg in Detmold erwähnt. Die Mauern des markanten dicken Turms des heutigen Schlosses stammen noch von dem alten Bergfried. Bis 1557 dauerten die Umbauarbeiten zu einem Schloss im Stil der Weserrenaissance.

Detmold war von 1468 bis 1918 die Residenzstadt der Edelherren, Grafen und Fürsten zur Lippe und von 1918 bis 1947 Hauptstadt des Freistaats Lippe, der in den Jahren 1947/48

Das Wachhäuschen vor dem Detmolder Schloss

dem Land Nordrhein-Westfalen beitrat. Die beiden folgenden Sagen berichten von Begebenheiten, die im Zusammenhang mit der Residenz und dem Landesherrn stehen.

Die weiße Frau

Zur Residenzstadt wurde die Stadt Detmold unter dem lippischen Landesherrn Graf Bernhard VII., der bisher die Landesgeschäfte von der Burg Blomberg aus geregelt hatte und 1468 Detmold zu seiner ständigen Residenz wählte. An diese Zeit erinnert eine Inschrift im alten Schlossturm des Detmolder Schlosses mit der Jahreszahl 1470. Eine schaurige Geschichte, die mit dem Schloss und dem Schicksal der Familie derer zu Lippe eng verwoben ist, wird so erzählt:

Im Schloss zu Detmold erschien früher zuweilen die weiße Frau. Man sagt, sie sei eine lippische Gräfin, die sich gewünscht habe, an allem Leid und aller Freude ihrer Familie ewig teilnehmen zu können. Sie geht deshalb noch immer um, sobald in der fürstlichen Familie eine Geburt oder ein Todesfall stattfindet. Sie entsteigt der Kirchengruft, schreitet durch den Bogen der Kanzlei über den Schlossplatz, und wenn die Wache sie anruft, sagt sie:

„Ich melde den Tod im Schlosse an,
und wenn du nicht schweigst, bist ein toter Mann!"

Wer den Mund zum Rufen öffnet, dem berührt sie die Wange, dass er zu Boden sinkt.

(nach Kuhn 1859 und nach Schwanold/Wiemann o.J.)

Das Detmolder Schloss

Der Mäher in der Mühlenwiese

Das besondere, einseitige Verhältnis zwischen dem Landesherrn und seinen Untertanen wird in der nächsten Geschichte deutlich:

Zwischen dem Burggraben in Detmold und der Werre lag in früherer Zeit eine Wiese, die Mühlenwiese genannt wurde. An die hundert Bauern der Umgegend waren vom Landesherrn verpflichtet worden, im Sommer Mäher für die Mahd der Wiese zu stellen. Einst sah der Graf von seinem Schlosse aus den Mähern bei ihrer Arbeit zu. Dabei bemerkte er einen, der mit sehr großer Wucht seine Sense schwang. Er ging zu ihm hin und sagte zu ihm: „Das Mähen macht dir wohl großes Vergnügen, dass du so kräftig durch das Gras fegst.“ Darauf entgegnete der Mann: „Durchaus nicht! Es ist bloß die Wut darüber, dass ich aus dem Amt Lage hierherkommen und den ganzen Tag in der Hitze stehen und mich quälen muss.“ Da sah der Graf den Mäher erstaunt an und fragte, ob er wohl an einem Tage vom Burggraben bis zur Werre einen Weg durch die Wiese mähen könne. Der Bauer sah sich die Länge der Wiese an und sagte bedächtig: „Es ist allerdings ein schweres Stück, aber wenn es sein muss, will ich es wohl angehen.“ „Nun, das soll ein Wort sein“, sagte der Graf. „In diesem Jahr geht es nun nicht mehr, aber wenn du es im nächsten Jahr fertigbringst, so sollst du mit Kind und Kindeskindern für ewige Zeiten von allen Herrendiensten in der Mühlenwiese befreit sein.“ „Und wenn ich den Tod davon haben sollte“, sagte der Bauer, „so will ich es doch unternehmen, sodass wenigstens meine Nachkommen diese schwere Last los sind.“ Im folgenden Sommer stellte er sich zur Zeit der Mahd in der Wiese ein. Bevor er sein Tagwerk begann, sah er still vor sich nieder und sprach ein kurzes Gebet. Dann fasste er seine Sense fest und nieder fiel Schwaden auf Schwaden unter seinem Hieb. Oft ging sein Blick die Wiese entlang zur Werre hin. Die Sonne stieg höher, der Schweiß tropfte ihm von der Stirn, aber er beachtete es nicht: „Bis zur Werre hin und dann nicht wieder auf dieser Wiese, du nicht und deine Kinder nicht!“ Kurz war seine Mittagsrast, schon fühlte er seine Arme ermüden und die Sonne senkte sich schon über den Eichen. Schneller flog die Sense im Bogen, näher und näher kam auch das Ende. Nun nahm er die letzte Kraft zusammen, und die letzten Halme fielen am Flussufer der Werre. Ermattet sank der Mäher nun ins Gras. Noch einmal schlug er die Augen auf und flüsterte: „Gott sei Dank, das war das letzte Mal.“ Ein Herzschlag hatte seinem Leben jäh ein Ende gemacht.

(NACH SCHWANOLD/WIEMANN O.J.)

Der Meier zu Hiddesen und der Zwerg

Der Meier zu Hiddesen war einmal auf dem Feld, da sah er einen Zwerg an der Hecke stehen, eine Wanne voller Gold neben ihm, das in der Sonne herrlich glänzte. Er erschrak zunächst, als er das seltsame Männchen mit seinen Schätzen erblickte, fasste sich aber schnell ein Herz, ging zu ihm und sagte: „Du guter reicher Mann, meine Taschen sind ganz leer, gib mir doch von deinem Reichtum etwas ab.“ „Deine Bitte soll dir gewährt sein“, erwiderte der Zwerg. Da streckte der Meier auch schon seine Hände nach dem glänzenden Metall aus. Sofort fuhr der Zwerg fort: „Aber wende dich doch erst einmal um und siehe, Hiddesen brennt!“ Erschrocken ließ der Meier die Hände sinken, und als er sich umwandte, da versank der Schatz urplötzlich in der Erde. Hiddesen brannte nicht, und der Meier sah sich von dem Kleinen gründlich hereingelegt. Zu allem Überfluss rief dieser ihm auch noch nach: „Wer was erreichen will, darf sich nicht umsehen, sondern muss die Gelegenheit beim Schopfe packen.“

(NACH SCHWANOLD/WIEMANN O.J.)

Der angeführte Teufel

Möglicherweise ist in der folgenden Sage der Besitzer des „Meierhofes zu Barkhausen“ in Niederbarkhausen bei Oerlinghausen gemeint. Dieser Hof wurde erstmals bereits im Jahr 1036 in einer Urkunde des Busdorfstiftes in Paderborn erwähnt und gehörte zum bischöflichen Tafelgut. Er zählte zu den größten und reichsten Höfen des Landes. Die Geschichte soll sich wie folgt zugetragen haben:

In Barkhausen lebte einst ein Bauer, der in einem Jahr eine besonders gute Ernte eingebracht hatte. So ging er über seine Felder, besah seinen reichen Segen und überlegte, wo er diese große Menge an Korn nur lassen sollte. Da kam ein kleiner alter Mann auf ihn zu und sagte zu ihm: „Da habt Ihr aber eine gute Ernte auf dem Feld.“

Der Gutshof in Niederbarkhausen

„Ja“, erwiderte der Bauer, „aber was nutzt es mir, wenn ich keine Scheunen habe, es unterzubringen.“ „Nun“, sagte der Mann, „wenn Ihr weiter keine Sorgen habt, kann Euch leicht geholfen werden. In einer Nacht will ich Euch auf Eurem Hof eine große Scheune bauen. Ihr müsst nur einen Vertrag unterschreiben, dann steht morgen früh, ehe der Hahn kräht, die Scheuer fertig auf dem Hof.“ Das reizte den Bauern und er unterschrieb den Pakt. Als es nun Abend wurde, begann auf dem Hof ein großer Lärm. Wagen fuhren Steine und Bauholz, Mauern wuchsen aus dem Boden und Balken wurden aufgerichtet. Von überall hörte man geschäftiges Hämmern und Sägen, man sah aber keinen einzigen Menschen. Die Bäuerin fragte nun verwundert darüber ihren Mann, was das zu bedeuten habe. Daraufhin erzählte er ihr von dem Pakt, den er mit dem alten Mann geschlossen hatte. „O Gott!“, rief sie, „du hast dich dem Teufel verschrieben! Das nimmt kein gutes Ende! Du wirst sehen, heute Nacht geht es dir an den Kragen!“ Ob dieser Worte bekam es der Bauer mit der Angst zu tun. Seine Frau aber sagte zu ihm: „Lass mich nur machen!“ Schnurstracks ging sie auf die Deele und klatschte laut in die Hände. Wegen dieses Lärmens wurden die Hähne wach und fingen aus vollem Hals an zu krähen. Mit einem Schlag hörte draußen der Krach auf. Der Teufel hatte seinen Teil des Vertrages nicht gehalten, denn die Scheune war vor dem ersten Hahnenschrei nicht ganz fertig geworden. Es fehlte noch eine Wand, die der Bauer später einziehen wollte, die aber immer wieder aus unerfindlichen Gründen einstürzte. Diese Wand fehlt noch heute in der Scheune.

(NACH SCHWANOLD/WIEMANN O.J.)

Der Hermannsberg

Im Hermannsberg bei Stapelage bewachen die Zwerge große Schätze und Kostbarkeiten. Es liegen dort Perlen, goldene Äpfel, Diamanten und Edelsteine haufenweise aufgeschichtet, da lagert uralter würziger Wein in Fässern fest vom Weinstein und es sprießen in unterirdischen Gärten goldene Rosen und silberne Lilien. Wer nun die rechte Zeit weiß, wann der Berg sich öffnet, der kann eine Stunde lang hinabsteigen und von den Schätzen mitnehmen und von dem Wein trinken, so viel er mag. Aber der größte Schatz, der in der dunklen Tiefe ruht, ist der alte Hermann, den die Zwerge gebannt und verzaubert halten, bis seine Zeit gekommen ist. Dann wird er erwachen, aufstehen und seine Gefolgschaft um sich scharen. Er wird wieder die Freiheit für das Volk erringen und die alte Ordnung im Land wiederherstellen, so, wie es vor langer Zeit schon einmal war.

(NACH SCHWANOLD/WIEMANN O.J.)

Die Riesen vom Vierenberg

Vor langer Zeit lebten auf dem Vierenberg bei Salzuflen und dem Tönsberg bei Oerlinghausen zwei Riesen. Sie lebten friedlich miteinander und statteten sich gegenseitig Besuche ab. Eines Tages kam der Riese vom Tönsberg wieder zum Vierenberg. Auf seiner Reise hatte er etwas Sand in seinen Schuh bekommen, den er nach seiner Ankunft ausschüttete. So entstand der Berg, auf dem Leopoldshöhe steht.

Eine weitere Geschichte über diese beiden Hünen erzählt von einer etwas kniffligeren Angelegenheit, die von Misstrauen und falschen Schlüssen geprägt ist:

Die Riesen vom Vierenberg und vom Tönsberg hatten einen Backofen, den sie gemeinsam nutzten. Wollte nun einer backen oder den anderen benachrichtigen, dass der Ofen heiß war, kratzte er im Backtrog, wobei er solch einen Lärm machte, dass man es deutlich im Haus des anderen Riesen hören konnte. Als nun wieder ein Backtag anstand, hörte der Riese vom Tönsberg schon in aller Frühe ein gewaltiges Schrubben. Daraufhin beeilte er sich, seinen Teig herzurichten und zog los, um rechtzeitig zum Backen zu kommen. Als er bei dem Riesen vom Vierenberg ankam, lag dieser noch friedlich schlummernd in seinem Bett. „Was ist denn das?", fragte der andere. „Du schläfst noch ruhig, ich hörte doch schon vor einiger Zeit ein starkes Schrubben." Der Vierenberger antwortete: „Du hast dich geirrt, der Ofen ist noch längst nicht heiß. Das Geräusch, was du gehört hast, wird wohl davon kommen, dass ich mich vorhin kratzte, als ein Floh mich stach." Da wurde nun der Tönsberger zornig, schimpfte lauthals und tobte wie wild. Schließlich nahm er in seiner blinden Wut seinen und den Teig des anderen Riesen und warf ihn den Berg hinunter. So ist Kuhlenhölters Berg entstanden.

(NACH SCHWANOLD/WIEMANN O.J.)

Die Saline in Bad Salzuflen

Als mythologische Wesen der Urzeit haben wir schon die Zwerge kennengelernt. Die Riesen stellen nun deren Gegenpol dar. Das betrifft sowohl ihr Aussehen als auch ihren Charakter. Sie sind den Göttern und Menschen gegenüber oft feindlich eingestellt. Riesen kommen in mittelalterlicher Umgestaltung oft in den späteren Sagen vor. Insbesondere werden sie aufgrund ihrer Kraft als Urheber besonders großer und markanter Naturphänomene gesehen.

Der Name der Stadt Salzuflen

Die Geschichte von Salzuflen ist eng mit den dortigen Salzvorkommen verknüpft. Eine Siedlung „Uflon" wird im Zusammenhang mit einer Salzquelle bereits Mitte des 11. Jahrhunderts erwähnt. Das althochdeutsche Wort „Uflon" kann mit „am Wald gelegen" übersetzt werden. Durch die Salzgewinnung, die Verarbeitung und den Handel mit dem „weißen Gold" entwickelte sich die Siedlung kontinuierlich bis hin zur Stadt. Die Stadtrechte wurden Salzuflen wahrscheinlich schon vor 1322 von den Grafen von Sternberg verliehen, die in vielerlei Hinsicht die Bewohner des Ortes förderten, weil sie vom Geschäft mit dem Salz profitierten. Der Edelherr Bernhard VII. zur Lippe schließlich bestätigte im Jahr 1488 die verliehenen Rechte und stellte Salzuflen den lippischen Städten gleich. Die folgende Sage berichtet von der Entstehung des Ortsnamens:

Die Stadt Ufflen, so erzählt eine alte Chronik, hat ihren Namen und Ursprung von der dort entspringenden Salzquelle. Vor der Nutzung des weißen Goldes lebten die Menschen dieser Gegend von den Erträgen ihrer Felder und von der Viehzucht. Das Vieh, so sagt man, hatte bei der Entdeckung der salzigen Quellen großen Anteil: Die Tiere liefen häufig zu der Stelle, an der Salz in flüssiger und fester Form zu finden war. Der Name für die spätere Stadt war damit gefunden. Er leitet sich aus der Bezeichnung für „Salz auflecken", „Salz-Ufflen", ab.

(NACH SCHWANOLD/WIEMANN O.J.)

Seligenwörden

Der Seligenwörden ist Teil des Salzufler Stadtwaldes und direkt an der Grenze zu Herford gelegen. Darin befinden sich die Reste eines Herrenhofes aus dem Mittelalter, das Haus derer von Seligenwörden. Der Sage nach soll die Stadt von ihnen das Gebiet erworben haben. Auf welchem Wege dies geschah, erzählt folgende Geschichte:

Wo sich heute der schön gewachsene Eichenwald erstreckt, war früher saures, sumpfiges oder „faliges" Land, das nur spärlich mit Gras bewachsen war. Die Salzufler erboten sich, den Sumpf trockenzulegen und ihn in fruchtbaren Acker zu verwandeln. Die Bedingung war, dass sie das Land nach der Urbarmachung einsäen und abernten könnten. Die Besitzer willigten ein und die Salzufler machten sich daran, Gräben zu ziehen, um den Boden zu entwässern. Darauf pflanzten sie schließlich junge Eichen, die über Jahrhunderte gut gediehen und vielen Generationen reiche Ernte brachten.

(NACH SCHWANOLD/WIEMANN O.J.)

Wie die Kirche in Salzuflen zu ihrem Hahn kam und Der Salzufler Galgen

In den folgenden zwei kleinen Sagen wird die in der vergangenen Zeit bestehende „Abneigung" zwischen den Nachbarorten Salzuflen und Schötmar deutlich:

Der Hahn auf dem Turm der Salzufler Kirche stammt ursprünglich von der Kirche in Schötmar. Er wurde während einer Fehde durch eine Kanonenkugel vom Turm geschossen und nach Salzuflen gebracht, wo er einen neuen Platz auf dem dortigen Kirchturm fand.

Auf dem zur Stadt Salzuflen gehörenden „Wisch" stand in früherer Zeit auf dem Galgenbrink der Salzufler Galgen. Als die Schötmarer eine Tages jemanden hängen wollten, baten sie die Salzufler um die Erlaubnis, ihren Galgen benutzen zu dürfen. Mit den Worten „De Galgen is för us un iuse Kinner" wurde ihnen diese Bitte jedoch abgeschlagen.

(NACH SCHWANOLD/WIEMANN O.J.)

Das Rathaus in Bad Salzuflen

In beiden Geschichten geht es um das Verhältnis der Nachbarorte Salzuflen und Schötmar zueinander. Kirchenpolitisch war Salzuflen ursprünglich nach Schötmar eingepfarrt. Der Ort Schötmar wurde im Jahr 1231 anlässlich der Neuordnung der Diözese Paderborn in einer Urkunde erwähnt, in der die kirchenpolitische Zugehörigkeit von „Scutemere" festgelegt wurde. Der Ort ist jedoch erheblich älter, denn die Kirche ist dem heiligen Kilian geweiht. Das deutet darauf hin, dass bereits lange vor der urkundlichen Erwähnung schon in karolingischer Zeit hier ein Kirchenbau aus Holz oder Stein vorhanden gewesen war. Der Name „Scutemere" lässt mithilfe der Ortsnamenforschung ebenfalls Rückschlüsse auf eine frühe und kontinuierliche Besiedlung des Ortes an der Furt durch die Flüsse Bega und Werre zu. Das Stadtrecht wurde Schötmar erst 1921 verliehen. Heute ist Schötmar ein Ortsteil von Bad Salzuflen.

Das Abendläuten in Salzuflen

In Salzuflen hängt im Mauerturm am Schliepsteiner Tor eine Glocke, die jeden Abend um neun Uhr geläutet wird. Sie klingt hell und klar und ihre Schläge sind bis weit ins Land zu hören. Von dieser Glocke und den mit ihr verbundenen Geschehnissen erzählt eine Geschichte:

Vor vielen Jahren hatten sich einmal zwei Kinder, ein Mädchen und ein Junge, beim Beerensuchen im Wald verirrt. Trotz aller Bemühungen konnten sie den

Heimweg nicht finden. Sie liefen kreuz und quer, bergauf, bergab, krochen durchs Gebüsch, doch fanden sie nicht mehr aus dem Wald hinaus. Mit der Zeit wurde es immer dunkler und die Nacht brach herein, sodass sie nichts mehr sehen konnten. Da sagten sie zueinander: „Wir müssen aufhören zu suchen und die Nacht hier im Wald verbringen." Dabei dachten sie an die wilden Tiere, an die Unwetter, die kommen könnten, und auch an die Eltern, die nicht wussten, was ihnen geschehen war. So setzten sie sich voller Angst und Furcht an den Fuß eines hohen Baumes, schmiegten sich aneinander und falteten die Hände zum Gebet. Sie riefen Gott um Beistand in ihrer Not an und schon bald schliefen sie vor Erschöpfung ein. Plötzlich hörten sie in der Ferne den Ton einer Glocke. „Das sind die Glocken unserer Stadt", sprachen sie freudig überrascht, „wir wollen dem Klang nachgehen, dann finden wir vielleicht den Weg nach Hause." Sie machten sich auf, kamen aus dem Wald heraus und erreichten freies Feld. In der Ferne sahen sie die Lichter der Stadt und eilten schnellen Schrittes auf sie zu. Dort angelangt, fanden sie die besorgten, verzweifelten Eltern, die ihre Kinder nun freudig und überglücklich in die Arme schlossen. Aus Dankbarkeit, dass sie ihre Kinder wohlbehalten wiederhatten, stifteten sie eine Glocke, die sie im Schliepheimer Turm aufhängen ließen, und bestimmten, dass diese Glocke jeden Abend um neun Uhr geläutet werden solle.

(NACH SCHWANOLD/WIEMANN O.J.)

Der Hund im Steinbecker Holz

Die folgende Sage beschreibt in doppelter Hinsicht das Phänomen der „Wiedergänger": einerseits den fremden Wanderer und andererseits das Gespenst mit dem Hund auf dem Rücken, die als „Aufhocker" gedeutet werden können. Dieses Sagenthema ist weit verbreitet und kommt in den unterschiedlichsten Varianten vor. Unter „Wiedergängern" wurden ursprünglich diejenigen Toten verstanden, die nicht nach den üblichen Riten bestattet worden waren und dementsprechend zur Mahnung und strafend den Lebenden wieder erschienen. Bei einigen Toten, die zu Lebzeiten mit besonderer Macht ausgestattet oder bösartig und grausam gewesen waren, kam es dazu, dass sie länger als üblich wiedererschienen und einen bösen Charakter hatten. Hier nun die Geschichte vom „alten Frodermann":

Es war an einem Tag im Oktober. Die Tage waren schon kürzer und die Dämmerung brach bereits früh am Nachmittag herein. Der alte Fuhrmann Frodermann aus Salzuflen war mit einer Fuhre Salz nach Vlotho an der Weser gefahren. Nachdem seine Fracht von den Schauerleuten vom Wagen auf den Lastkahn geladen worden war, machte er sich am späten Nachmittag auf den Heimweg nach Salzuflen. Frodermann ahnte, dass er erst in der Dunkelheit seine Heimatstadt wieder erreichen würde. Auch das Wetter war schlecht und der Wind trieb dichte Regenböen vor sich her. Das war nicht sehr angenehm und auch die Wege waren schlecht und ausgefahren.

Der „Stumpfe Turm" im Steinbecker Holz

Hohlweg am „Stumpfen Turm" Richtung Bad Salzuflen

Frodermann ließ die Pferde tüchtig ausgreifen und nach einiger Zeit sah er zu seiner Rechten den Hollenhagen auftauchen. Es begann nun schon dunkel zu werden. Die Erlen an der Vinnenbecke waren nur noch schemenhaft zu erkennen und aus den Salzwiesen an der Loose stiegen milchige Nebel auf. Plötzlich sah er im Dunst einen Wanderer auftauchen, der wie Frodermann der Stadt Salzuflen zustrebte. Der Mann trug einen langen schwarzen Mantel, der sich ganz um die dürre Gestalt legte. Wortlos, nur mit einem kurzen, mürrischen Wink bat der Mann, hinten auf dem Wagen aufsitzen zu dürfen. Frodermann nickte, denn es war noch eine gute Wegstunde bis zur Stadt. So trieb er seine Pferde wieder an, nachdem der Fremde hinten auf den Wagen gestiegen war. Das schwere Fuhrwerk rumpelte über Steine und durch ausgewaschene Rinnen. Bei jedem Stoß gab der Fremde seltsame, unwillig klingende Laute von sich. Sein Murren und Knurren wurde von Meile zu Meile lauter, bis er sich mit den übelsten Verwünschungen auf Wetter und Weg Luft zu machen versuchte. Inzwischen war der Regen stärker geworden und prasselte laut an die Wagenplane. Der Wind rüttelte an den Bäumen und das trockene Laub wirbelte wie dicker schwarzer Schnee zuhauf aus den Baumkronen. Als der Wagen in den Hohlweg oberhalb der Waldemeine einbog, war es bereits so dunkel, dass der Weg kaum noch zu erkennen war. Der Fremde hinten auf dem Wagen stöhnte und fluchte noch stärker als zuvor. Der alte Frodermann zog die Zügel straffer und duckte sich fester hinter die Plane, denn nun kam eine Wegstrecke, die den Salzufler Fuhrleuten nicht geheuer war. Am Wartturm sollten seit alten Tagen böse Kobolde ihr unheimliches Spiel treiben. Frodermann schreckte plötzlich zusammen. Es hörte sich an wie Kettengerassel, was da aus der Niederung heraufklang, und vom Turm her war es so, als heule ein Hund in der Nacht. Dem Fuhrmann lief es eiskalt über den Rücken. Erst vor kurzer Zeit hatte man in Schröders Krug vom großen Hund im Steinbecker Holz erzählt. Auch wurde von einer knöchernen Gespensterhand berichtet. Frodermann trieb die Pferde zu schnellerem Gang an und der Wagen rumpelte über Wurzeln und Steine vorwärts. Hinten auf dem Rücksitz fluchte der Fremde immer grässlicher. Der alte Fuhrmann blickte zum Vierenberg hinüber. Dort wallte dichter Nebel in dicken Schwaden über das Land. Frodermanns Blick erstarrte. Es war ihm, als griffe eine bleiche Knochenhand aus der Nebelwand nach ihm. Ganz deutlich sah er die langen, dürren Finger. Auch das klagende Geheul des Hundes schlug wieder an sein Ohr, doch jetzt war es viel näher als zuvor. Das Rasseln der Kette war jetzt ganz nahe hinter dem Wagen. Frodermann griff entsetzt zur Peitsche und schlug wild auf die Pferde ein. Nur schnell fort von hier. Das Gebell war nun ebenfalls ganz nahe hinter dem Wagen. Das Kettengerassel, die Flüche des Fremden, des Windes Stöhnen, das Hundegebell und das ängstliche Schnauben der Pferde vereinigten sich zu einem höllischen Konzert. Um den Wagen herum tobte und brauste es wie die wilde Jagd. Frodermann glaubte, einen Menschen zu erkennen, auf dessen Rücken ein riesiger schwarzer Hund hockte, der eine Kette hinter sich her schleppte. Heulend, stöhnend und fluchend rannte der Mensch mit dem Tier im Nacken den Hohlweg entlang, bis schließlich Dunkelheit und Unterholz beide verschlangen. Frodermann hatte endlich den Waldrand erreicht.

Das höllische Spektakel blieb hinter ihm zurück und verklang mehr und mehr. Der Fuhrmann atmete erleichtert auf. Von Salzuflen her blinkten friedlich die Lichter der Häuser. Als sich Frodermann nach seinem Fahrgast umsah, war dieser verschwunden.

(NACH LANIUS 1982)

Herzog Widukind

Der Sachsenherzog Widukind war während der Sachsenkriege Karls des Großen der ärgste Feind und mächtigste Gegenspieler des Frankenkönigs. Der Name „Widukind", der in den Geschichtsbüchern auch als „Weking" oder „Wittekind" auftaucht, bedeutet „Waldkind" oder „Kind des Waldes" und steht als Synonym für Beharrlichkeit – eine Eigenschaft, die insbesondere den im östlichen Teil des Landes Westfalen lebenden Menschen heute noch zugeschrieben wird. So gibt es eine große Zahl von Sagen, die an den Sachsenherzog und seine Taten erinnern. Das ist insofern verwunderlich, als dass er als konsequenter Gegner des Christentums auftrat und erst seinem Glauben entsagte, als der Kampf aussichtslos erschien. Anlässlich seiner Bekehrung zum Christentum soll er anstelle seines schwarzen Pferdes von Karl dem Großen ein weißes als Taufgeschenk erhalten haben, das heute noch das Landeswappen Niedersachsens und Nordrhein-Westfalens ziert. Einzig der Kreis Herford ist beim schwarzen Ross geblieben und nennt sich „Wittekindkreis". Der „dux saxorum" (Herzog der Sachsen) wurde im Jahr 777 anlässlich des Reichstags von Paderborn erstmals in den fränkischen Reichsannalen

Die Kirche in Enger, vermutlicher Bestattungsort Widukinds

erwähnt, weil er, anders als die meisten anderen sächsischen Edelinge, gegen den Willen Karls des Großen der Versammlung ferngeblieben war. Bis zum Jahr 785 führte er den militärischen Widerstand der Sachsen gegen das fränkische Heer. Nach seiner Taufe in Attigny im Jahr 785 verliert sich die Spur Widukinds im Dunkel der Geschichte. Geblieben sind der Volksglaube und die Sagen, die an ihn erinnern. Seine Unterwerfung und Taufe bedeuteten aus heutiger Sicht den ersten Schritt zur Eingliederung der Sachsen in das Frankenreich und die Einführung des Christentums in unsere Region. Sein Wirkungskreis erstreckte sich auf das gesamte östliche Westfalen und so möchte ich hier zwei Sagen vom Sachsenherzog Widukind wiedergeben, von denen eine seine Bekehrung zum Christentum zum Thema hat und von denen die andere seinen Sinn für Gerechtigkeit den Schwachen gegenüber verdeutlicht:

Wittekinds Taufe

König Karl hatte eine Gewohnheit: Alle große Feste folgten ihm viele Bettler nach, denen er ließ geben einem jeglichen einen Silberpfennig. So war es in der Stillen Woche, dass Wittekind von Engern Bettlerskleider anlegte und ging in Karls Lager unter die Bettler sitzen und wollte die Franken auskundschaften. Auf Ostern aber ließ der König in seinem Zelt Messe lesen; da geschah ein göttliches Wunder, dass Wittekind, als der Priester das Heiligtum emporhob, darin ein lebendiges Kind erblickte; das deuchte ihm ein so schönes Kind, als er sein Lebtag je gesehen, und kein Auge sah es außer ihm. Nach der Messe wurden die Silberpfennige den armen Leuten ausgeteilt, da erkannte man Wittekind unter dem Bettelrock, griff und führte ihn vor den König. Da sagte er, was er gesehen hätte, und ward unterrichtet aller Dinge, dass sein Herz bewegt wurde, und empfing die Taufe und sandte nach den andern Fürsten in seinem Lager, dass sie den Krieg einstellten und sich taufen ließen. Karl aber machte ihn zum Herzogen und wandelte das schwarze Pferd in seinem Schilde in ein weißes.

(Brüder Grimm 1865)

Das Gastmahl zu Paderborn

Im Lager der Franken herrschte große Freude über die Nachricht, dass sich Herzog Widukind König Karl unterworfen hatte und bereit war, den christlichen Glauben anzunehmen. So sollte denn nun dieses freudige Ereignis gebührend gefeiert werden. Das Fest sollte in der Karlsburg an den Quellen der Pader in Paderborn stattfinden. Vorher unterwies ein eigens dafür abgestellter Priester den Herzog in die Grundzüge der christlichen Lehre. Widukind hörte genau zu, was ihm über das Leben und Wirken Christi erzählt wurde, doch wuchs in ihm zunehmend Verwunderung. Er konnte sich keinen Reim darauf machen, denn alles, was er in den Kriegsjahren zuvor von den Christen erlebt hatte, stand in krassem Gegensatz zu dem Vorbild aus Palästina.

Schließlich sprach er zu seinem Lehrer: „Was habt Ihr nur aus der Lehre der Liebe und Barmherzigkeit gemacht?" Er stellte noch viele andere Fragen, auf die die Mönche keine Antworten fanden. Als nun der Tag der Feier gekommen war, wies König Karl seinem einstigen Widersacher mit seinem Gefolge an einer Tafel einen Platz zu. Um sie herum saßen die Paladine in feinsten Gewändern und voller Pracht. Vor den Türen aber hockten die Krüppel und Bettler, die auf die Reste warteten, die vom Gastmahl abfielen. Und Arme gab es im Sachsenland genug, seit dort die fränkischen Schwerter regierten und der Rote Hahn auf den Dächern der Höfe saß. Widukind sah dies und schickte einen Boten zum König, der ihn fragen ließ: „Euer Christus spricht: In den Armen nehmt Ihr mich selber auf. Wie kommt es nun, dass Ihr uns gebietet, unser Haupt vor Euch zu beugen, vor dem, den Ihr selber im Staub vor Euren Türen liegen lasst und dem Ihr nicht die geringste Ehrerbietung erweist?" Diese deutlichen Worte trafen den König ins Herz. Er wurde verlegen, eine solch klare Auslegung des Evangeliums und Verurteilung seiner Taten aus dem Mund eines Heiden hören zu müssen. Darüber, dass er nun sein Handeln änderte, wird uns in den Quellen nichts berichtet. Widukind aber floh noch am selben Abend aus dem fränkischen Lager und ging ins Exil zu seinem Schwiegervater nach Dänemark.

(NACH PAETOW 2004)

Der Bonstapel

Der höchste Berg des lippischen Nordens erhebt sich an der Grenze des Landes bei Talle und liegt eigentlich schon im Wittekindsland. Er ist weithin sichtbar, von majestätischem Anblick und man kann von ihm aus weit ins Land bis hin zum Osning und dem Wesergebirge blicken. Von der Entstehung des Berges, an dessen Fuß der kleine Ort Röntorf liegt, handelt die folgende Sage:

Vor langer Zeit wollte der Teufel aus dem Lipperland und dem Ravensberger Land einen Fischteich machen. Gott, der Herr des Himmels, hatte es ihm unter einer Bedingung gestattet: Er musste sein Werk in einer Nacht, von Mitternacht bis zum Hahnenschrei, vollendet haben. So ging der Teufel nun ans Werk. Er türmte im Süden Berg an Berg zur langen Kette des Osning, im Norden warf er die Weserberge auf, um die Weser zu stauen. Sein Werk war nahezu vollendet, nur noch der Weserdurchfluss an der Porta musste noch geschlossen werden. Müde von der schweren Arbeit schleppte der Teufel die dazu notwendige Erde auf seinem Rücken, um noch rechtzeitig vor Anbruch des Tages das Loch zu stopfen. Als er nun an Klocken Hofe in Röntorf vorbeikam, krähte der Hahn. Zornig, enttäuscht und voller Wut über sein Missgeschick schleuderte er seine Last an Ort und Stelle nieder. Auf diese Weise ist der Bonstapel entstanden und den Lippern und Ravensbergern blieb es erspart, in einem großen Fischteich ertrinken zu müssen.

(NACH SCHWANOLD/WIEMANN O.J.)

Die Kirche von Bergkirchen

Der Farrnsamen

In der Nähe von Bergkirchen im Wittekindsland, an der Grenze zu Lippe gelegen, hat sich die folgende Geschichte zugetragen:

Der Farrnsamen hat die wunderbare Eigenschaft, dass er einen Menschen unsichtbar machen kann. Er ist aber schwer zu finden, denn er reift nur in der Nacht der Sommersonnenwende von zwölf bis ein Uhr, fällt gleich ab und ist verschwunden. Ein Bauer in Bergkirchen hatte einmal eine wunderliche Begegnung damit. Er suchte gerade in dieser Nacht sein verlorenes Füllen und kam durch eine Wiese, in der gerade Farrnsamen reifte. Dieser fiel ihm in seine Schuhe. Am anderen Morgen kehrte er wieder nach Hause zurück, trat in die Stube und setzte sich. Es kam ihm seltsam vor, dass seine Frau und die Hausgenossen ihn gar nicht beachteten. Da sprach er: „Das Fohlen habe ich nicht gefunden.“ Alle, die in der Stube waren, erschraken sichtlich. Sie hörten die Stimme des Mannes und sahen doch niemanden. Da rief ihn die Frau beim Namen und meinte, er müsse sich wohl versteckt haben. Daraufhin stand er auf, stellte sich mitten in die Stube und sagte: „Was rufest du, ich stehe ja hier direkt vor dir.“ Mit diesen Worten wurde der Schreck nur noch größer, denn man hatte ihn aufstehen und gehen gehört, ihn aber nicht gesehen. Der Mann aber merkte nun, dass er unsichtbar war, und zugleich fiel ihm ein, dass er wohl Farrnsamen in den Schuhen haben musste, denn die Schuhe drückten ihm, so als ob Sand darin wäre. Er zog sie von den Füßen und schüttete den Inhalt aus. Im selben Augenblick stand er für alle Anwesenden wieder sichtbar da.

(NACH KUHN 1859)

Hackelblock

In dieser sich um das Thema „Wodan“ rankenden Sage gibt es keinen glücklichen Ausgang für ein übermütiges, respektloses Menschenwesen:

Zwei junge Burschen gingen eines Abends von Bergkirchen aus durch den Wald. Sie wollten in das Nachbardorf, um ihre Bräute zu besuchen. Da hörten sie über sich in der Luft wildes Hundegebell und eine Stimme, die rief: „Ho–to, ho–to!“ Das war Hackelblock, der wilde Jäger, mit seiner Jagd. Einer der Burschen aber sprach ihm nach und rief auch: „Ho–to, ho–to!“ Da kam Hackelblock mit seinen Hunden von oben heruntergefahren und hetzte seine ganze Meute hinter den Burschen her. Sie verschwanden schließlich und von dem Unglücklichen, der Hackelblock die Worte zugerufen hatte, ist nachher nicht einmal mehr eine Spur gefunden worden.

(NACH KUHN 1859)

Die Traumquelle

Am Bigberg bei Niederntalle entspringt eine Quelle unter einer alten Buche. Sie spendet das ganze Jahr lang, tagein, tagaus, reines, frisches Wasser. Ihre Entdeckung verdankt sie einem Traum, den die Ehefrau eines Schlossherrn hatte:

Einstmals, einige Jahre nach dem schrecklichen und verheerenden Dreißigjährigen Krieg, wollte der Herr von Niederntalle, Karl von Groten, bergan im Wald nördlich von seinem Schloss ein neues Haus bauen. Aber er wusste nicht, ob er dort oben Wasser finden würde. Da träumte seine Frau, dass dort unter einer ganz bestimmten Buche eine Quelle verborgen sei. Bereits am nächsten Morgen ließ sie an der besagten Stelle nachgraben und nach einer Weile sprang ihr das helle, klare Wasser einer Quelle entgegen. Daraufhin wurde nicht weit davon das Haus erbaut, das man noch heute, mitten im Wald, an diesem Ort sehen kann.

(NACH SCHWANOLD/WIEMANN O.J.)

Eine Inschrift am Herrenhaus des Rittergutes Niederntalle verbürgt Johann von Groten und Gertrudt von Hagen als Begründer des Gebäudes. Der Name „von Groten“ kommt in der näheren Umgebung häufiger vor. Die Jahreszahl 1605, die in der Hausinschrift steht, passt in den historischen Zusammenhang des Sagenstoffes.

Der Gutshof Niederntalle

Das Schatzfeuer

Auf dem Steinhausen bei Talle brennt nachts ein Feuer. Das ist ein Schatzfeuer. Drei Männer mit demselben Vornamen müssen, ohne zu reden und ohne zu lachen, durch das Feuer hindurchgehen, tief in der Asche raken und dürfen sich durch die brennende Laterne, die dort umgeht, nicht verrückt machen lassen. Wenn ihnen das gelingt, dann liegt am anderen Morgen in der kalten Asche viel Gold. Auch im Schorenbusch brennt solch ein Schatzfeuer. Hier wippen um Mitternacht Flammen auf und nieder, die von einem hier verborgenen Schatz herrühren. Und auch nahe der Landstraße, in der Brinkerwiese bei der Brücke, brennt zuweilen ein wundersames Feuer. So kam einmal ein alter Niederntaller spät von Talle heim. Gleich neben der Brücke glimmte ein kleines Kohlenfeuer. Da ihm gerade seine Pfeife ausgegangen war, trat er hinzu, ergriff schnell eine Kohle und steckte sie in den Pfeifenkopf. In diesem Augenblick erhielt er einen heftigen Schlag an die Backe und lief voller Schreck eiligst nach Hause. Als er aber am anderen Morgen seine Pfeife ausklopfen wollte, fiel lauter blankes Gold aus dem Pfeifenkopf.

(NACH SCHWANOLD/WIEMANN O.J.)

Das Mädchen von Talle

Früher gab es in der Umgebung von Talle ausgedehnte Wälder. In einem dieser Forste befand sich ein Räuberhaus. Eines Tages ging einmal ein junges Mädchen in den Wald und es wurde von den Räubern gefangen und mitgenommen. Fortan musste es bei ihnen bleiben und ihnen dienen. Damit sie nicht fortlaufen konnte, hatten sie ihr eiserne Nägel in die Füße geschlagen. Da kamen an einem Tag, als die Räuber nicht zu Hause waren, zwei Männer an diesen Ort. Diesen erzählte das Mädchen nun von ihrem bitteren Schicksal. Daraufhin nahmen die Männer die Unglückliche kurzerhand auf die Schultern und trugen sie heim zu ihren Eltern. Als dies geschehen war, kehrten sie zum Räuberhaus zurück, töteten die mittlerweile zurückgekehrten Räuber und nahmen alles Gold und Geld mit, was dort vorhanden war.

(NACH SCHWANOLD/WIEMANN O.J.)

Eine Geistersage

Der größte Bauernhof in Talle ist von einem Kranz großer Eichen umstanden. An diesem Ort sollen des Nachts oft weiß gekleidete Mädchen auf weißen Pferden in den Baumkronen umherreiten. Dabei ist ein so starkes Rauschen zu hören, dass man meint, ein gewaltiger Sturm brause über das Land.

Einst kehrten in der Nacht zwei Maurer von einer Baustelle in Bavenhausen zurück. Die Kirchturmglocke schlug gerade zwölf, als sie an dem Gehöft vorbeikamen. Da sagte der eine zu dem anderen: „Siehst du die Mädchen dort in den Bäumen? Sie kommen soeben an." Der Angesprochene schaute zu den Bäumen hinauf, konnte aber nichts entdecken. Er glaubte jedoch, ebenfalls ein starkes Geräusch, wie bei einem Sturmwind gehört zu haben.

(NACH SCHWANOLD/WIEMANN O.J.)

Der Geometer von Westorf

In Westorf bei Hohenhausen wird folgende Sage erzählt:

Auf einem Berg in der Nähe lief, sobald die Nacht eingebrochen war, ein Landmesser umher. Dieser soll einst bei der Teilung eines Hofes nicht richtig gemessen haben. Zur Strafe dafür hat er im Grab keine Ruhe gefunden und des Nachts an den Stellen, wo er falsch gemessen hatte, immer wieder nachgemessen. Bis vor vielen Jahren war von Zeit zu Zeit auch noch ein Gehilfe bei ihm. Der trug einen Grenzstein auf dem Rücken und soll immer wieder gerufen haben: „Wo sall ick en loten?" Oft hat er so laut geschrien, dass die Leute in Westorf deswegen nicht schlafen konnten. Schließlich gingen eines Nachts einige aus Westorf zu ihm in den Wald und antworteten auf seine Frage: „Wo diu ne wegkriegen hest!" Darauf sagte er: „Up de Antweurt hebbe ick oll lange liuert." Daraufhin verschwand er in den Zweigen der Bäume und wurde später nie wieder gesehen.

(NACH SCHWANOLD/WIEMANN O.J.)

Westorf liegt an der Grenze zum Wittekindsland und gehörte ursprünglich einmal zum Stift Herford. Da die Qualität der vorhandenen Böden eine landwirtschaftliche Nutzung nicht zuließ, verdienten die Bewohner ihren Lebensunterhalt mit dem Zieglergewerbe.

Der Bentorfer Schimmel

Die Leute aus Bentorf mussten früher ihr Korn auf dem Rücken zur Mühle tragen. Der Weg dorthin führte an einem Busch vorbei, bei dem sie zu rasten pflegten. Der Busch wurde deshalb Restebusch genannt. Sie ließen dort ihren Sack erschöpft nach hinten ins Gras sinken. In der Nähe lag eine große Heide. Darauf zeigte sich zuweilen ein Schimmel, der, wie gesagt wurde, den Menschen gefährlich werden konnte. Wer ihn sah, musste rufen: „Berndken van Golen, diu dois müi doch nix!" Dann – und nur dann – ging der Spuk vorüber. Eines Tages kam nun ein Knecht mit einem Sack Korn über die Heide, der diese Geschichte nicht kannte. Als er den Schimmel sah, meinte er, es sei des Müllers Pferd, und wollte ihm seinen Sack auf den Rücken werfen. Aber der Sack fiel mitten durch den Körper des Schimmels hindurch auf die Erde. Im selben Augenblick war der Schimmel verschwunden und zurück blieb ein erstaunter, ratloser Bauernbursche.

(NACH SCHWANOLD/WIEMANN O.J.)

Diese Geschichte zeigt, wie tief verwurzelt die Erinnerung an Kriegsereignisse sein kann, die mit einer Person verknüpft sind. Der Hintergrund der Sage ist, dass im Verlauf der Feldzüge des Münster'schen Bischofs Bernhard von Galen gegen die protestantischen Niederlande die Bevölkerung der gesamten Grafschaft Lippe stark unter dem Einfall und der Einquartierung seiner Truppen leiden musste. Der Bischof erhielt daher die für einen Mann der Kirche nicht gerade schmeichelhaften Beinamen „Bomben-Bernd" und „Kanonen-Bischof".

Der Schäferstreit bei Stemmen

In der Stemmer Neumark steht ein Stein, der an eine grausige Mordgeschichte erinnert:

Vor vielen Jahren gerieten an dieser Stelle einmal zwei Schäfer, der eine aus Möllenbeck, der andere aus Stemmen, wegen des Huderechts in Streit. Zunächst entstand ein Wortwechsel, aus dem wurden dann tätliche Angriffe, die schließlich eine so heftige und ernste Wendung nahmen, dass keiner der beiden mit dem Leben davonkam. Auch die Hunde, die ihren Herren treu ergeben waren, verbissen sich so heftig ineinander, bis sie endlich verendeten. Geblieben ist die Erkenntnis, wohin blinder Menschenhass und Hundetreue führen können.

(NACH SCHWANOLD/WIEMANN O.J.)

Die Ochsenkuhle bei Rott

In Bassenstein lebte einmal ein Bauer, der hatte eine Magd, die gar nicht ängstlich war und sich vor nichts und niemandem fürchtete. Eines Abends wurde ihr aufgetragen, nach Rott zu gehen, um Schnaps zu holen. Da sprach der Knecht zum Bauern: „Ich will der Magd einmal ordentlich Angst einjagen." Er nahm nun ein Ochsenfell, hängte es sich um, ging dann den Weg entlang und versteckte sich schließlich in einer Kuhle. Der Weg von Bassenstein nach Rott führte an dieser Kuhle vorbei und als die Magd nun von ihrer Besorgung zurückkam, sprang der Knecht aus seinem Versteck und ging auf die Magd zu. Diese aber schlug ihm so heftig den Steinkrug vor den Kopf, dass er tot umfiel. Als sie nun nach Hause kam, fragte der Bauer: „Hast du unterwegs denn nichts gesehen?" Die Magd antwortete: „In der Kuhle am Weg war etwas. Dem habe ich aber den Krug so vor den Kopf geschlagen, dass er gleich tot war." Da bekam der Bauer einen furchtbaren Schreck und sagte: „Das war mein Knecht!" Die Kuhle aber heißt bis zum heutigen Tag die Ochsenkuhle.

(NACH SCHWANOLD/WIEMANN O.J.)

Sagen von der Uffoburg

Im Nordosten des Lipperlandes, nahe der Ortschaft Bremke liegt auf einem nach drei Seiten abfallenden Bergvorsprung die Uffoburg. Die Überlieferung sagt, dass schon im 9. Jahrhundert an dieser Stelle ein Graf namens Uffo ein festes Haus errichtete. Auch soll die Frau des Grafen Uffo, die Edelfreie Hildburg, im Jahr 896 nicht weit entfernt das Kloster Möllenbeck bei Rinteln als Kanonissenstift gegründet haben. Das Kloster zählt damit zu den ältesten Abteien im Wesertal. Die vermutlich fränkische Burganlage mit Wall und Graben sollte die Verkehrswege sichern. Heute ist die Burg längst verfallen, aber es ranken sich noch zahlreiche Geschichten um sie. Drei von ihnen möchte ich nun vorstellen. Zwei dieser Geschichten handeln von einem auf dem Burghof vergrabenen Schatz, der so riesig ist, dass er viele Familien reich machen könnte:

Nicht weit von der alten Uffoburg lebte einst ein Bauer, der den Ruf hatte, ein großer Zauberer zu sein. So war es nicht verwunderlich, dass sich einige mutige Männer um Rat an ihn wandten, wie sie in den Besitz des Schatzes kommen könnten. Damit sie ihr Ziel auch sicher erreichen konnten, fanden die diesbezüglichen Beratungen und Unterweisungen im Haus des Zauberers statt. Nach dem Stand der Dinge konnte der Schatz nur in einer Vollmondnacht zwischen elf und zwölf Uhr ausgegraben werden. Beim Aufstieg zur Burg, während der Arbeit und beim Abstieg durfte weder geredet noch geflüstert werden, da der Schatz sonst wieder im Boden versinken würde. Auch durfte bei den Arbeiten kein Licht brennen, daher sei eine mondhelle Nacht von Vorteil. So versammelten sich nun beim nächsten Vollmond die Männer mit Hacken und Schaufeln ausgerüstet bei dem Zauberkundigen. Dann zogen sie gemeinsam und schweigend

Der Aufstieg zur Uffoburg

zum Burgberg. Dort angekommen, zeigte der Zauberstab des Bauern auf die verborgene Stelle, wo der Schatz vergraben lag. Die Arbeit im steinigen Untergrund erwies sich als sehr mühsam und anstrengend. Als Lohn für diese Plackerei winkte jedoch ein großer Reichtum. In einer Tiefe von etwa vier Fuß fand ein Arbeiter plötzlich ein größeres Geldstück. Voller Freude über seine Entdeckung rief er: „Hier liegt der Schatz! Ich habe schon ein Stück von ihm gefunden!" Daraufhin sagte ihr Anführer: „Wir können heimkehren, denn der Schatz ist jetzt wieder zehn Klafter tief in den Boden versunken."

Offenbar wurde dieses Unterfangen nicht noch einmal wiederholt, aber bis zum heutigen Tag ist das Loch als Ergebnis der ganzen Mühsal auf dem Burgberg zu erkennen. Die folgende Sage berichtet davon, wie es dazu kam, dass auf der Uffoburg ein Schatz vergraben wurde:

Vor langer Zeit lebten auf der Uffoburg Ritter, die oft in Fehden verwickelt waren oder als Raubritter die Gegend unsicher machten. So kam es schließlich dazu, dass sich viele ehrsame Ritter zusammentaten, um gegen diese Raufbolde ins Feld zu ziehen. Die Burg wurde belagert und in Brand geschossen. Als es so weit war, dass sich die Burginsassen ergeben mussten, schmolzen sie all ihr Gold ein, gossen es in die Form eines Kalbes und vergruben es anschließend an einem geheimen Ort auf der Burg. Daraufhin stellte sich die Frau des Burgherrn vor die Ritter und bat, dass ihr zwei Wünsche erfüllt werden: Zum einen, ihr das zu lassen, was sie mit einem Mal in einer Kiepe den Berg heruntertragen kann. Zum anderen wünschte sie sich eine Aussaat auf ihrem eigenen Grund und Boden. Beide Wünsche wurden ihr gewährt. So trug sie ihren Mann in der Kiepe aus der Burg und dann bepflanzte sie den Berg mit Eichen und Buchen. Schon viele haben später nach dem Schatz gesucht, ihn aber nicht gefunden.

Eine andere Geschichte erzählt von Verwünschung und Erlösung:

Vor vielen Jahren lebten drei Jungfrauen auf der Uffoburg, die nach einem großen Krieg verwünscht worden waren und dort bis zu ihrer Erlösung umgehen mussten. Eines Tages ging nun ein Mann über den Schlossberg, da kam ihm eine der Jungfrauen entgegen und sprach: „Du kannst uns erlösen. Du musst nur drei Abende auf der Reihe dahergehen." Der Mann kam dieser Bitte nach und tat zwei Abende so, wie es ihm aufgetragen war. Am dritten Abend aber lief er fort. Die Jungfrau rief ihm nach: „Warum hast du nicht durchgehalten und uns erlöst?" Er hörte jedoch nicht auf sie und lief einfach weiter. Da sprach die Jungfrau: „Nun muss erst eine Eichel vom Eichbaum fallen, daraus muss eine Eiche wachsen und aus der Eiche muss eine Wiege gemacht werden. In dieser Wiege muss ein Kind gewiegt werden, das, wenn es groß ist, uns dann erlösen kann."

(NACH SCHWANOLD/WIEMANN O.J.)

Kartenspiel am Sonntag

In Almena saßen einmal am Sonntag unter der Messe Leute zusammen und spielten Karten. Als nun einem der Spieler eine Karte unter den Tisch fiel, rief er erbost aus, der Teufel möge ihn holen. Er bückte sich, um die Karte wieder aufzuheben und sah einen gewaltigen Pferdefuß unter dem Tisch. Zu Tode erschrocken fuhr er zurück und die anderen erhoben sich ebenfalls voller Schrecken. In ihrer Not packten sie die Tischplatte, um sich festzuhalten. An diesen Stellen brannten sich – wie durch ein Wunder – die Male ihrer Finger ein. Daraufhin fassten sie den festen Entschluss, nie wieder am Sonntag Karten zu spielen.

(NACH KUHN 1859)

Archäologische Funde konnten belegen, dass die Gegend um Almena bereits im Mesolithikum von Jägern und Sammlern durchstreift wurde. Auch aus der Zeit des späteren Neolithikums liegen Funde vor, die den Zuzug von Menschen mit einer neuen Kultur nachweisen, die durch eine bäuerliche, sesshafte Wirtschaftsweise gekennzeichnet war. In der Folgezeit war das Gebiet durchgehend besiedelt und trat schließlich mit Beginn der Herrschaft der Grafen von Schwalenberg in das Licht der Geschichte. Der Ort wuchs zu einem Dorf heran und gehörte seit 1243 zum Herrschaftsbereich der Burg Sternberg. Nach dem Dreißigjährigen Krieg setzte sich in Almena im Laufe der Zeit das Leinengewerbe gegenüber der Landwirtschaft durch und bildete bis in das 20. Jahrhundert die Basis für den Lebensunterhalt der Bewohner.

Amelungen

Diese Namenssage ist der Versuch, wichtige geschichtliche Ereignisse über das Wort und die Wortbedeutung zu erklären:

Wundersam verschmilzt sich in den Sagen dieser Gegend die Kunde von den Hünen (Riesen) und den Hunnen. Es ist schwer, zu unterscheiden, ob die Namen, die sich an Berge und Burgen knüpfen, von den Riesen stammen, die lange vor der Zeit der Einführung des neuen Glaubens durch Karl den Großen diese Gegend bevölkerten, oder sich auf jenes Hunnenvolk König Etzels beziehen, das durch das Land zog und im Nibelungenlied seinen Nachhall findet. Überliefert ist, dass unter Etzels Hunnen drei Brüder waren, die man die Amelungen nannte. Sie hießen Walamir, Widimir und Theodimir und waren die tapfersten Helden im ganzen Hunnenheer. An diese Brüder erinnern wohl die Namen einiger Orte in unserer Gegend: Amelunxen, Amelungsborn und auch Hameln und Hämelschenburg sowie der Dorfname Hiddenhausen, im Dreieck von Barntrup und Pyrmont.

(NACH BECHSTEIN 1853)

Die zahlreichen Funde aus der Steinzeit und Bronzezeit zeigen, dass das Land um Barntrup ein altes Siedlungsland ist. Die Stadt Barntrup ist eine Gründung der Grafen von Sternberg, deren Territorium 1220 vom Herrschaftsgebiet der Grafen von Schwalenberg abgetrennt wurde. In den Jahren 1317 bis 1359 wurde Barntrup planmäßig im Dreistraßensystem aufgebaut. Später richteten Fehden, Kriege und Feuersbrünste großen Schaden an und hemmten eine kontinuierliche Weiterentwicklung der Stadt.

Die Teufelsmühle auf dem Saalberg

Das Dorf Sonneborn ist ein Ortsteil der Stadt Barntrup. Es wurde im 13. Jahrhundert erstmalig urkundlich erwähnt. 1650 fielen fast alle Höfe einer großen Feuersbrunst zum Opfer. Da die Böden um Sonneborn nur bedingt ackerbaulich nutzbar waren, betrieben die Bauern hier überwiegend Viehwirtschaft. Die Tiere wurden zur Hude auf große Flächen getrieben, die in gemeinschaftlichem Besitz der Bauern waren. Das geerntete Korn musste auf holprigen Wegen mühsam zur Windmühle auf dem Saalberg gebracht werden. Der Saalberg liegt zwischen Barntrup und den Ortsteilen Sonneborn und Alverdissen an der Grenze zu Niedersachsen. Die Windmühle auf dem Berggipfel ist für das 18. Jahrhundert nachgewiesen. Nachdem sie 1882 abgebrannt war, wurde sie nicht wieder aufgebaut, da sich der Betrieb aufgrund der widrigen Verhältnisse wirtschaftlich nicht mehr lohnte. Im Jahr 1928 wurden die Mühlenreste zu einem Aussichtsturm umgebaut, von dem aus man weit hinaus ins Land sehen kann. Von der Mühle, ihrer Entstehung und dem Schicksal der Bewohner erzählen die folgenden drei Sagen:

Die alte Mühle auf dem Saalberg

Das dunkle Gemäuer der alten Mühle wird Tag und Nacht vom Wind umfegt. Besonders während der Raunächte, wenn die Winterstürme durch das Land fegen, schlägt der Teufel hier sein Lager auf. Immer dann, wenn er mit seinem Hexengefolge vom Drachenfels kommend auf dem Weg zum Blocksberg ist, macht er auf dem Saalberg Rast. Dann zucken die Blitze, kracht der Donner und Feuerfunken sprühen und erhellen die Nacht. Erscheint nun der Teufel mit seinem Gefolge dienstbarer Geister, wird ein Zelt für ihn aufgeschlagen, in dem er auf einem Thron Platz nimmt. Der Hochsitz wird links und rechts von zwei schrecklichen Drachen getragen und eine ohrenbetäubende Musik erschallt und untermalt das bunte Treiben. Auch ringsherum aus den Wäldern und Sümpfen steigen Irrlichter auf und die Luft ist erfüllt mit Jaulen und Heulen. Aus der Ferne betrachtet, könnte man meinen, der ganze Saalberg stehe in Flammen. Wehe dem Sterblichen, der sich in dieser Zeit auf den Hexenplatz wagt. Schnell ist es mit seinem Leben geschehen. Nur einmal hat es einer gewagt, den Berg zu besteigen und dort auch sein Haus zu errichten. Das war ein junger Müllersbursche, der eines Tages auf der Suche nach Arbeit über den Saalberg hergewandert kam. Er bemerkte, wie heftig der Wind dort oben wehte, und fasste den Plan, dort eine Mühle zu bauen, um diesen günstigen Umstand für seinen künftigen Broterwerb nutzen zu können. Der Wirt, dem er von seinem Vorhaben erzählte, wurde kreidebleich. Er berichtete dem Burschen, dass er lieber die Finger von diesem Plan lassen solle, da auf dem Berg der Leibhaftige umgehe. Der junge Mann lachte aber nur darüber und ließ sich nicht umstimmen. Er wolle dem Teufel und seiner Sippschaft schon die Stirn bieten und dem faulen Zauber ein Ende bereiten. Kurzerhand begann er mit dem Bau der Mühle und auch der Pfarrer konnte trotz Anrufung aller Heiligen nichts ausrichten. Der Müller entgegnete nur: „Ich habe ein reines Gewissen. Was will mir der Teufel dann anhaben? Außer dem Herrgott fürchte ich nichts

Blick von der Mühle Richtung Weser und Harz

auf dieser Welt." Der Pfarrer sah ein, dass der Müllersbursche fest entschlossen war, die Windmühle in Betrieb zu nehmen, und gab ihm folgenden Rat: „Versucht in Gottes Namen Euer Glück, aber bedenket, dass Ihr, wenn das Bauwerk fertiggestellt ist, es Gott weiht und ein Kreuz auf dem Berg errichtet. Dann könnt Ihr den Zauber bannen." Als nun im Herbst der Bau vollendet war, nahm sich der Müller diese Worte zu Herzen und ritzte noch zusätzlich heilige Zeichen in die Schwelle des Hauses. So fühlte er sich sicher und geborgen. Der Wind blies kräftig und stetig, sodass die Bauern schnell ihr geliefertes Korn als Mehl und Schrot abholen konnten. Dann brach die Zeit der Raunächte mit Sturm, Blitz und Donner heran und der Teufel mit seinen dunklen Gesellen erschien wie üblich auf dem Berg. Er wollte sich gerade niederlassen, da durchzuckte ihn ein Schlag und das Kreuz bannte ihn von dieser Stelle. Laut fluchend verharrte er über der Mühle, raste anschließend dreimal um die Bergkuppe herum und verschwand schließlich, einen mächtigen Feuerschweif hinter sich herziehend, in der Ferne. Solange das Kreuz auf dem Berg stand, hatte der Satan keine Macht und musste fortan während seiner Reise wutschnaubend über den Saalberg hinwegziehen.

Nachdem die Mühle nun in Betrieb war und guten Ertrag brachte, entschloss sich der Müller zu heiraten. Er konnte eine schöne Frau gewinnen und schon bald tobten Kinder auf dem Berg herum. Das wiederum trieb den Teufel zur Weißglut und er sann darüber nach, wie er es dem Müller heimzahlen könnte. Eine günstige Gelegenheit dazu bot sich ihm, weil sich der Müller für den Bau der Windmühle bei einem übelbeleumdeten Wucherer Geld geliehen hatte, das dieser nun kurzfristig zurückverlangte. Der Müller sah sich in größter Not, da er den geforderten Betrag nicht aufbringen konnte, und war damit schon fast in den Klauen des Satans. Der hatte sich als Kaufmann verkleidet und warf sich dem Müller in den Weg, einen Beinbruch vortäuschend.

Er jammerte lautstark und bat inständig um Hilfe. Dabei ließ er die Goldmünzen im Geldbeutel ordentlich klimpern. Der gutmütige Müller willigte schließlich ein und wollte ihn gerade Huckepack auf den Rücken nehmen, als er den Pferdefuß des Teufels bemerkte. Schnell schlug er ein Kreuz und augenblicklich fuhr der Teufel unter wüstem Fluchen und in eine stinkende Schwefelwolke eingehüllt davon.

Von diesem Missgeschick ließ sich der Teufel jedoch nicht lange abhalten. Er bemerkte, dass der Müller, der längst seine Schulden beglichen hatte und zu Wohlstand gekommen war, einem bösen Laster verfallen war. Er saß immer öfter im Wirtshaus in Sonneborn, sprach kräftig dem Alkohol zu und ließ seinen Knecht die Arbeit machen. Das war die Einladung an den Satan, noch einmal zu versuchen, den Müller zu überlisten. Er verwandelte sich in einen Fuhrmann und fuhr mit seinem Wagen voller Korn den Saalberg hinauf Richtung Mühle. In diesem Augenblick begegnete er dem Müller, der gerade aus dem Gasthaus kam, und fragte ihn, ob das der richtige Weg zur Mühle sei. Der Müller bejahte die Frage und wunderte sich ein wenig, weil er den Fuhrmann nicht kannte. Doch schließlich fuhren sie gemeinsam den Berg hinauf. Als sie fast oben waren, ließ der Teufel einen Stein vor das Wagenrad rollen, sodass dieses abrupt stoppte. „Da müssen wir wohl ein wenig nachhelfen", meinte der Teufel und zog aus seiner Tasche eine Flasche, die er, nachdem beide den Wagen wieder flottgemacht hatten, auch dem Müller anbot. Der zögerte nicht lange und nahm nichts ahnend einen kräftigen Schluck von dem Teufelsgebräu. Aber mit jedem Schluck gewann zunehmend das Böse Gewalt über ihn und er musste dem Satan zu Willen sein. Nach einer Weile erreichten sie schließlich das Mühlentor. Da ließ der Teufel so heftig die Peitsche knallen, dass die Pferde scheuten. Um nun das Losreißen zu verhindern, versuchte der Müller, sie anzubinden, fand jedoch in der Eile keinen Pfahl und warf das Seil kurzerhand um das Kreuz. Die Pferde zerrten jedoch so heftig, dass dieses umgerissen wurde. Damit war ein Hindernis, das den Saalberg vor dem Satansvolk schützte, aus dem Weg geräumt. Doch in das Haus konnte der Teufel nicht gehen, weil die Zeichen auf der Schwelle ihn daran hinderten. Wieder zog er seine Flasche heraus und ließ den Müller trinken. Auf diese Weise verflogen beim Müller die letzten Bedenken. Er lud einen Kornsack vom Wagen und trug ihn in die Mühle. Der Teufel aber sprang schnell auf den Sack und gelangte so über die Schwelle ins Haus. Nun waren Müller und Mühle dem Bösen schutzlos ausgeliefert. Der Satan triumphierte und wuchs zu einer stattlichen Größe heran. Blitz und Donner ließen das Bauwerk erbeben und dann schlugen die ersten Flammen hervor. Der Müller konnte sich in letzter Not noch ins Freie retten. „Du wirst mir kein zweites Mal meinen Tanzplatz nehmen", rief der Teufel höhnisch dem Müller nach. In diesem Augenblick fing auch das Wohnhaus Feuer. Die ganze Nacht brannte es weithin sichtbar, einem Fanal gleich, auf dem Saalberg und der Müller musste mit seiner Frau und den Kindern mit ansehen, wie alles, was er aufgebaut hatte, dem Erdboden gleichgemacht wurde. Zum Schluss war nur noch der Mühlenstumpf zu sehen. In den folgenden Jahren war alles wie zuvor. In den Raunächten erschien wieder regelmäßig der Teufel mit seinen Gesellen und feierte ausgelassene Feste, so, als ob es den Müller und die Mühle auf dem Saalberg nie gegeben hätte.

(Nach Paetow 2004)

Der Zwerg Anton

Alverdissen wurde erstmalig im Jahr 1151 in einem Besitzverzeichnis des Stiftes Herford als „Alwerdessen" genannt. Aber auch in diesem Fall ist von einer wesentlich früheren Besiedlung auszugehen, da der Ort strategisch günstig lag und über landwirtschaftlich gut nutzbaren Boden verfügte. Damit gehört der Marktflecken Alverdissen zu den ältesten Orten in Lippe. Etwa 1370 erhielt er von den Grafen zu Sternberg das Stadtrecht. Infolge einer Fehde zwischen dem Edelherrn zur Lippe und dem Grafen von Schaumburg im Jahr 1424, bei dem Alverdissen völlig zerstört wurde, verlor es dieses Privileg wieder. Alverdissen ist heute ein Ortsteil der Stadt Barntrup.

In der Nähe von Alverdissen gibt es einen kleinen Busch, der früher „die Helle" genannt wurde und heute „Küsterbusch" heißt. In ihm, unter einem Stein, haben früher einmal Zwerge gewohnt. Davon und vom Nutzen der Tugend, Wort zu halten, handelt die nächste Sage:

Es lebte hier einmal ein Mann, der sich viel Geld geliehen hatte, es aber nicht zurückzahlen konnte. Daraufhin zog er nun traurig und verzweifelt hinaus. Plötzlich stand ein Zwerg vor ihm und fragte ihn, was ihm fehle. Der Mann erzählte dem Zwerg die ganze Geschichte und dieser sagte schließlich, er solle nur mit ihm mitkommen. So gingen sie gemeinsam zum Stein in der Helle. Der Zwerg verschwand unter dem Stein, kam aber bald wieder hervor. In der Hand hatte er den Betrag Geldes, den der Mann seinen Gläubigern schuldete. Er sagte zu dem Mann: „Ich leihe dir das Geld. Aber nach

Zwerg Anton

einem Jahr am gleichen Tag und Stunde muss ich es wiederhaben. Dann komm hierher und rufe ‚Anton'. Dann komme ich und nehme es dir ab." Der Mann nahm das Geld und ging vergnügt nach Hause zurück. Nach Ablauf der Frist fand er sich wie besprochen wieder an dem Stein ein. Aber auf seine Rufe erhielt er zunächst keine Antwort. Schließlich kam ein anderer Zwerg aus dem Stein und sagte zu ihm: „Anton ist tot. Geh beruhigt heim. Das Geld kannst du behalten.

(NACH KUHN 1859 UND SCHWANOLD/WIEMANN O.J.)

Der Jungfernborn

Bei Alverdissen im Lippischen befindet sich ein Brunnen, der heißt der „Jungfernborn". Der Grund für die Namensgebung ist, dass sich dort gelegentlich ein paar weiße Jungfern sehen lassen. Die Leute hüten sich, in die Nähe des Brunnens zu kommen, da es dort nicht recht geheuer ist. Einmal kam einer in der Nacht vorbei und sah ein rotes Sieb, das drehte sich auf dem Brunnen und eine der Jungfern saß daneben. Ein anderes Mal stand eine Haspel mitten im Weg, der vorbeiführt. Besonders aber sollen Geister als Fuchs und Hase dort umgehen. So kam einmal ein Mann des Abends spät am Brunnen vorbei und sah den Fuchs und den Hasen. Es schien ihm so, als

Die Kirche in Alverdissen mit gedrehtem Turm

wolle der Fuchs eben nach dem Hasen greifen, da dachte er: „Du sollst ihn doch auch nicht haben." Gleichzeitig schlug er mit seinem Stock nach ihm, aber augenblicklich hob es ihn in die Höhe. Als er wieder etwas zur Besinnung gekommen war, fand er sich oben auf dem Berg, wohl eine halbe Stunde von Alverdissen entfernt, wieder. Mühsam konnte er sich nach Hause schleppen, wo er leichenblass ankam. Von dem Tag an siechte er dahin und ist später dann gestorben.

(NACH KUHN 1859)

Der Name von Bösingfeld

Bösingfeld hat heute etwa 5.000 Einwohner und ist der Verwaltungssitz der Gemeinde Extertal. Der Ort wurde 1252 von den Grafen von Sternberg „aus wilder Wurzel" gegründet. Die Stammburg der Grafen, die Burg Sternberg, liegt nur wenige Kilometer westlich von Bösingfeld. Über den Ursprung des Ortsnamens gibt es diese kleine Geschichte:

Der kleine Ort Bösingfeld im Lippischen soll früher einmal „Schönfeld" geheißen haben. Er sei sehr groß gewesen. Als jedoch in der Nähe vor vielen Jahren einmal eine große Schlacht geschlagen wurde, fiel der Ort vollständig der Verwüstung anheim. Nach dem Gefecht ritt nun der feindliche Heerführer durch die Trümmerhaufen. Er erfuhr, wie der Ort genannt wurde, und sagte, dass nicht Schönfeld mehr sein Name sein solle, sondern Bösenfeld. Daraus ist denn im Laufe der Zeit Bösingfeld geworden.

(NACH KUHN 1859)

Geschichten vom letzten Riesen

Ein Gastwirt aus Goldbeck, unweit von Bösingfeld im Lippischen, kannte noch einige Geschichten von den Riesen in der Gegend. Jedem, der ihn darauf ansprach, erzählte er gern diese Anekdoten:

In der Gegend von Hameln liegt jetzt Oehrmanns Hof, wo vor Zeiten der letzte Riese gewohnt hat. Von diesem kann noch so manches berichtet werden. So sagt man, seine Frau habe ihm einmal aufgetragen, kleines Holz zu holen, worauf er ihr Sägespäne gebracht habe. Darüber sei sie sehr ungehalten gewesen und habe ihm gesagt, er solle doch großes Holz bringen. Der Riese sei daraufhin in den Wald gegangen, habe ein paar starke Eichen bei den Kronen gepackt, sie aus dem Boden gerissen und nach Hause geschleppt.

Ein anderes Mal fährt der Riese Holz aus dem Wald. Dabei bricht der eine Schenkel an der Achse der Vorderräder. Er springt schnell hinzu, packt die Achse, ehe noch der

Wagen zum Fallen kommt, nimmt das Rad auf die Schulter und fährt so froh gelaunt nach Hause. Als er aber auf den Hof kommt, ereilt ihn ein neues Missgeschick. Die Bäume, die er auf dem Wagen hat, sind von solcher Länge, dass er an der Wegbiegung nicht ins Hoftor kommen kann. Kurz entschlossen fasst er schnell die beiden Schenkel der Hinterachse, bringt so den Wagen in die Richtung und fährt ohne Schwierigkeiten auf den Hof.

Nach einiger Zeit hat der Riese nun auch Soldat werden sollen. Darauf hat er aber nun gar keine Lust gehabt. Um ihn zum Dienst zu holen, hat man schließlich die stärksten Soldaten des Regiments geschickt. Diese haben ihn auf dem Feld hinterm Pflug angetroffen. Als er sie aber von Weitem kommen sieht, nimmt er den Pflugbaum, schwingt ihn ein paar Mal über seinem Kopf und ruft ihnen zu: „Kennt Ihr die Sprache?“ Sie müssen sie wohl verstanden haben, denn sie haben sogleich auf dem Absatz kehrtgemacht. Am nächsten Morgen sind sie dann aber mit Verstärkung zu einer Zeit wiedergekommen, als der Riese noch im Bett gelegen hat. Sie haben alles, womit er sich etwa hätte wehren können, sicherheitshalber beiseitegeschafft. Als sie nun so an seinem Bett stehen, reckt sich der Riese und drückt damit das ganze Bett so auseinander, dass er die am Kopf- und Fußende stehenden Soldaten gegen die Wand drückt, dass ihnen das Blut nur so herausspritzt. Nach langer Gegenwehr haben sie ihn endlich doch untergekriegt und zur Strafe musste er eine eiserne Karre, fünfzehn Zentner schwer, schleppen.

(NACH KUHN 1859)

Der Brunnen zu Sternberg

Die Grafen von Sternberg zählten im 14. Jahrhundert zu den mächtigsten Herren in unserem Land. Sie versuchten ständig, ihr Herrschaftsgebiet zu vergrößern, und gerieten dabei zwangsläufig in Konflikt mit den anderen Adelsgeschlechtern, die ähnliche Ziele verfolgten. Die Burg Sternberg war ihr Stammsitz. Sie verdienten viel Geld am Salzhandel, denn ihnen gehörte der Ort Salzuflen. Zu dieser Zeit hatte Salzuflen zwar noch kein Stadtrecht, aber die Bürger hatten ähnliche Privilegien wie Stadtbewohner. Erst 1488 wurde Salzuflen Stadt und erhielt das Lippstädter Stadtrecht. Im Jahr 1399 starb der letzte Sternberger Graf und die Grafschaft ging zunächst an die Schaumburger, die sie jedoch schon 1405 an die Edelherren zur Lippe verpfänden mussten. Das Pfand gaben die Herren zur Lippe nie wieder zurück und vermehrten damit ihren Einflussbereich im Nordosten des Lipperlandes. Die Burg Sternberg ragt am nördlichen Rand des Begatals aus dem Wald hervor. Auf der Burg befindet sich ein Brunnen, der über fünfzig Meter tief ist. Das allein zeugt schon von der ungeheuren Mühe, diesen Brunnen zu graben. Wie dies gelang, berichtet die folgende Sage:

Zwei Ritter wurden in einer langen, blutigen Fehde von den Sternbergern besiegt und gefangen genommen. Sie wurden im dunklen Burgverlies eingekerkert und hatten schon alle Hoffnung auf Rettung aufgegeben, da erklärte ihnen eines Tages der

Der Innenhof der Burg Sternberg

Burg Sternberg, der Durchgang zur Vorburg

Kerkermeister, dass er ihnen kein Wasser mehr geben könne, da alle Quellen am Berg aufgrund der Trockenheit versiegt seien. Die gräfliche Familie sei selbst von diesem Malheur betroffen. Sofort ließen die Gefangenen dem Grafen melden, dass sie willens und in der Lage seien, einen Brunnen auf dem Burghof zu graben, der so tief sei, dass niemals mehr Not an Wasser entstehen werde. Der Burgherr willigte ein und versprach ihnen die Freiheit, falls ihnen das Vorhaben gelänge. Freudig und voller Tatendrang begannen die Gefangenen mit ihrem Werk. Von früh bis spät, bei Kälte und Hitze arbeiteten sie sich durchs Gestein. Der Gedanke an den Lohn der Freiheit ließ sie in Zeiten des Zweifels und der Pein durchhalten. Eines Tages, sie hatten gerade wieder mit der Arbeit begonnen, rauschte es gewaltig unter ihren Füßen und das Wasser brach sich durch den Fels. Sie erhoben ein lautes Freundengeschrei, wurden schließlich hochgezogen und das sprudelnde Wasser füllte schnell den Brunnenschacht mit dem begehrten Nass. Den Rittern lachte die Sonne freundlich entgegen und das Glück kannte keine Grenzen, als ihnen die Fesseln abgenommen wurden und sie – so, wie versprochen – die Freiheit erhielten. Sie umarmten sich, doch dann fielen sie tot zu Boden. Das Übermaß der Freude soll sie getötet haben.

(NACH SCHWANOLD/WIEMANN O.J.)

Der ewige Fuhrmann

Aus der Gegend von Kalletal und Extertal berichtet ein anderes Erlebnis mit dem ewigen Fuhrmann. Sie hat mit der gleichnamigen Sage von den Höhen des Teutoburger Waldes (siehe Seite 38) nur gemeinsam, dass mit dem ewigen Fuhrmann der Gott Wodan gemeint ist:

Als einmal Knechte mit einer Fuhre Korn zur Mühle nach Rinteln unterwegs sind, hören sie, wie über ihnen der ewige Fuhrmann in der Luft hinwegzieht. Sehen können sie ihn nicht, aber laut sind seine Rufe „Ha–ha!“ zu hören und dazwischen knallt er heftig mit seiner Peitsche. Einer der Knechte, ein junger, übermütiger Bursche, ruft ihm zu, er solle doch nun „Hott, hott!“ rufen, denn es gehe ja bergab. Da erhält er auf der Stelle eine gewaltige Maulschelle. Nach dieser Erfahrung hat er dem ewigen Fuhrmann nie wieder etwas zugerufen.

(NACH KUHN 1859)

Die Haferstraße in Lemgo

Lemgo wurde 1190 vom Edelherrn Bernhard II. zur Lippe gegründet und an einem Kreuzungspunkt wichtiger Handelswege als Planstadt nach dem Muster Lippstadts errichtet. Damit ist Lemgo nach Lippstadt die zweitälteste lippische Stadt. Die Stadtrechte erhielt sie im Jahr 1245. Lemgo entwickelte sich rasch zu einer der größten und bedeutendsten Ort-

Das Rathaus in Lemgo

schaften in Lippe und war im Spätmittelalter auch Mitglied der Hanse. Von ihrer Macht und vom übersteigerten Selbstbewusstsein ihrer Bürger berichtet die folgende Geschichte:

Als es bei der Belagerung der Stadt Lemgo im Jahr 1675 durch den Münster'schen Bischof Bernhard von Galen dessen Truppen nicht gelang, die Stadt zu erobern, wurden die Bürger Lemgos übermütig. Um den Bischof zu ärgern, schickten sie einen Ochsen vor das Tor in Richtung des bischöflichen Lagers. Der Ochse trug zwischen seinen Hörnern eine Tafel mit der Inschrift:

„So wenig der Ochse kann lernen das Singen,
kann Bernhard von Galen Stadt Lemgo bezwingen."

Darüber war der Bischof dermaßen erzürnt, dass er schwor, die Stadt zu zerstören und dem Erdboden gleichzumachen. Darauf wolle er dann Hafer säen. Schon bald wurden die Lemgoer für ihren Übermut bestraft: Die feindlichen Soldaten leiteten das Wasser der Bega ab und schlossen einen festen Ring um die Stadt, sodass es bald an Wasser und Nahrungsmitteln mangelte. Infolgedessen entstand eine große Hungersnot und so musste sich die Stadt schließlich dem Bischof ergeben. Der Bürgermeister und die Ratsherren erschienen im Büßergewand vor dem Bischof und flehten ihn um Gnade an. Dieser ließ sich erweichen und verzichtete auf die angedrohte Strafe. Um seinem Schwur aber Genüge zu tun, ließ er in der Stadt das Pflaster einer Straße aufreißen und mit Hafer einsäen. Diese Straße trägt noch heute den Namen Haferstraße.

(NACH SCHWANOLD/WIEMANN O.J.)

Sagen von Berndken van Golen

In dunkler Nacht geht der einsame Wanderer über die Heide. Die Lichter der Stadt sind hinter ihm schon längst verloschen. Das dürre Laub raschelt unter seinen Füßen und der Wind rauscht in den Wipfeln der Bäume, die wie stumme Wächter am Wegesrand stehen. Es naht die Geisterstunde, in der all diejenigen ruhelos umgehen, die wegen ihrer großen Missetaten keine Ruhe finden können. Da plötzlich taucht es aus dem Schatten der Nacht auf: Ein weißes Ross kommt eilig mit flatternder Mähne und wehendem Schweif aus dem Tal herauf. Dem Wanderer läuft es vor Schaudern eiskalt den Rücken herunter und er verharrt. Er kann nichts denken, nur leise, wie hingehaucht, kommen ihm die Worte von den Lippen: „Berndken van Golen, diu dois mui doch nicks!" Dieser Zauber wirkt. So plötzlich, wie das Ross erschienen war, so schnell ist es nun verschwunden.

Eine andere Geschichte lautet so:

Zur Mitternacht erscheint Bernhard von Galen in Gestalt eines großen schwarzen Hundes in Mossenberg und geht die Straße weiter bis zur Stadt Lemgo. Er trägt um den Hals 99 Schlüssel und sucht den Weg zum Himmel, den er aber nicht finden kann. Dieses ruhelose Umherwandern ist seine Strafe für die Verwüstung des Lipperlandes. Auch in Lemgo selbst hat man diesen Hund schon gesehen.

(NACH SCHWANOLD/WIEMANN O.J.)

Der letzte Hexenprozess

Die „Alte Hansestadt Lemgo", so lautet der offizielle Name der Stadt, weist im historischen Stadtkern eine große Zahl von Baudenkmälern, insbesondere im Stil der Weserrenaissance, auf. Neben den historischen Themen der Hanse und der Weserrenaissance hat auch die Hexenverfolgung in der Stadtgeschichte und im Bewusstsein der Bürger einen hohen Stellenwert. Im 19. Jahrhundert entstand in der mündlichen Überlieferung der Begriff des „Hexennestes". Damit begann eine bis heute andauernde Auseinandersetzung mit den unrühmlichen Ereignissen der Vergangenheit. Vor etwa dreißig Jahren kam es dann zu einer kritischen Thematisierung, die das Gedenken an die Opfer der Hexenverfolgung in den Mittelpunkt rückte. Noch heute ist das „Hexenbürgermeisterhaus" ein weit über die Stadtgrenzen hinaus bekanntes Wahrzeichen. Vom letzten Hexenprozess in der Stadt Lemgo ist Folgendes überliefert:

Die letzte Frau, die in Lemgo wegen Hexerei angeklagt wurde, war Maria Rampendahl. Sie wurde um 1645 in Lemgo geboren. Ihr Vater, Cordt Rampendahl, entstammte einer alteingesessenen Handwerkerfamilie und hatte es mit viel Fleiß zu einem ansehnlichen Wohlstand gebracht. Über verschiedene Ehrenämter gelang es ihm

Das Hexenbürgermeisterhaus in Lemgo

auch, in den Rat der Stadt aufzusteigen. Ihre Mutter, Catharina Bohne, deren Bruder in Lemgo mehrfach zum Bürgermeister gewählt wurde, war die Tochter eines reichen Barbier-Chirurgen. Das Kind geriet schon früh in den Verdacht, eine Hexe zu sein, nachdem im Jahr 1653 seine Großmutter Salmeke väterlicherseits als Hexe hingerichtet worden war und auch ein Freund der Familie, der Lehrer Hermann Beschoren, einem Hexenprozess zum Opfer fiel. Nach dem Tod ihres jüngeren Bruders Henrich im Januar 1667 kam es in der Nachbarschaft zu einer Welle gegenseitiger Beschuldigungen, die schließlich zu mehreren Hinrichtungen führte. In diesem Zusammenhang wurde ihr Name erstmals offiziell festgehalten. Der Tod ihres älteren Bruders Johann Caspar im Juni 1673 wurde ihr und ihrer Mutter dann als Folge eines Schadenszaubers angelastet. Bis dahin hatten die nicht enden wollenden Gerüchte, sie sei eine Hexe, eine Heirat der Frau verhindert. Im Jahr 1675 heiratete sie dann den aus Varel stammenden Barbiergesellen Hermann Hermessen und bis 1681 brachte sie vier Kinder zur Welt. Maria half ihrem Ehemann in der Barbierstube bei der Behandlung von Patienten und verkaufte außerdem auf dem Markt Butter, Milch und Käse. Der Fleiß des Ehepaares Hermessen-Rampendahl brachte letztlich auch den wirtschaftlichen Erfolg und bereits im Jahr 1679 konnten sie ein stattliches Anwesen am Marktplatz im Stadtzentrum erwerben. Dieser Aufstieg erzeugte bei den Mitbürgern Neid und Missgunst. Das führte dazu, dass dieser Erfolg, ebenso wie die Krankheiten und Todesfälle in der Nachbarschaft, ihrer Zauberkunst und Hexerei zugeschrieben wurde. Daraufhin kam es 1681 zu einem Prozess wegen Hexerei gegen Maria Rampendahl. Dieser stand eng mit dem Prozess der Maria Vieregge zusammen, die sich selbst als Hexe bezichtigte und Maria Rampendahl als Mitschuldige schwer belastete. Nach der Hinrichtung von Maria Vieregge sollte nach einem Ratsbeschluss eigentlich kein weiterer Hexenprozess mehr in Lemgo stattfinden, da die Stadt wegen ihrer Hexenjustiz in Verruf geraten war und von verschiedenen Seiten, so auch vom Landesherrn, Widerstand erfuhr. Durch den Ehrgeiz und die starrsinnige Beharrlichkeit des Hermann Cothmann, der später den Beinamen „Hexenbürgermeister" erhielt, wurden dennoch gegen Maria Rampendahl Ermittlungen angestellt. Er setzte die Verhaftung durch und der Prozess nahm seinen üblichen Verlauf. Zu Beginn der Vernehmungen wurde die Beschuldigte als eine selbstbewusste und unerschrockene Frau beschrieben, die weder durch Drohungen noch durch Folter einzuschüchtern war. Auch auf der dann zwei Tage später durchgeführten Folter legte sie kein Geständnis ab. Das hatte zur Folge, dass nicht die Todesstrafe ausgesprochen werden konnte. Maria Rampendahl wurde schließlich am 15. April 1681 „auf ewige Stadt- und Landesverweisung" verurteilt. Im Laufe des Jahres 1683 zogen Maria Rampendahl und ihre Familie nach Varel, der Heimatstadt ihres Mannes, wo sie 1705 starb. Damit endete der letzte Hexenprozess in der Stadt Lemgo. Für Maria Rampendahl war es ein glückliches Ende. Dieses Glück hatten allerdings nicht viele ihrer Vorgängerinnen und Vorgänger.

Nicht nur wegen seines Ausgangs stellt das Verfahren gegen Maria Rampendahl eine Besonderheit unter den Lemgoer Hexenprozessen dar. Es fällt auf, dass es von einigen Beteiligten offenbar nur halbherzig geführt wurde. In dem für ihr Verhör vorbereiteten Fragenkatalog, der überliefert wurde, wollte man weder etwas über eine Teufelsbuhlschaft wissen noch die Namen von Mittätern und Mittäterinnen erfahren. Auch kam es nur zur einmaligen Anwendung der Tortur, die noch dazu die sonst übliche Härte der „peinlichen Befragung" vermissen ließ. In diesem Fall wird auch deutlich, dass Maria Rampendahl von ihrer Familie und ihrem Ehemann bedingungslos unterstützt wurde, was für sie, nach ihrer eigenen Aussage, ein starkes Motiv war, die grausame Folter auszuhalten.

(NACH WILBERTZ 1994)

Der Kirchenbau

Um 1485 soll sich folgende denkwürdige Begebenheit im Lippischen zugetragen haben:

Die verstreut auf dem Land zwischen den Orten Hohenhausen, Lemgo und Schötmar lebenden Leute hatten den Plan gefasst, für sich eine Kirche zu bauen. Damit sie für alle Bewohner gut und leicht erreichbar sei, beschlossen sie, dass sie genau in der Mitte der genannten Ortschaften begründet werden sollte. Dort lag eine Fläche Heideland, die zum Kirchplatz bestimmt wurde. Die Bauern von Bavenhausen protestierten jedoch dagegen, weil sie nicht solch einen weiten Weg gehen wollten. Es blieb jedoch bei dem einmal gefassten Beschluss, die Kirche auf der Kirchheide zu errichten. Die ersten Steine und Balken waren bereits angefahren worden, da kamen eines Nachts die

Bavenhauser Bauern mit allen Fuhrwerken, die sie aufbieten konnten, luden alles auf und transportierten das Material nach Talle. Dort wurde die Kirche schließlich erbaut.

(NACH SCHWANOLD/WIEMANN O.J.)

Die Stadt Blomberg

In das Gebiet um Blomberg wanderten etwa ab dem 5. Jahrhundert von Norden her die Sachsen ein. Alte Stammesnamen wie die der Cherusker und Angrivarier, die bei Tacitus noch erwähnt wurden, verschwanden. Die Sachsen siedelten in einem Raum, der infolge der Völkerwanderung nur noch schwach besiedelt war und schufen eine stabile Gesellschaft nach germanischem Recht. Abgelöst wurde dieses Gesellschaftssystem während der Sachsenkriege, die mit der Zwangschristianisierung des Volksstammes endeten.

Im Hochmittelalter wuchs die Bevölkerung und im Zuge des Landesausbaus kamen neue Herren ins Land. Es waren die Edelherren zur Lippe und die Grafen von Schwalenberg und Sternberg, die vermutlich gemeinsam die Burg Blomberg errichteten. Zwischen 1231 und 1255 gründete der lippische Graf Bernhard III. die Stadt Blomberg. Die Urkunden darüber sind während der Soester Fehde verloren gegangen. Der Ort war für die lippischen Landesherren aufgrund der Kreuzung von drei wichtigen Handelswegen von besonderer Bedeutung. Simon I. zur Lippe (1275–1344) ließ die Burg ausbauen und wählte Blomberg als Residenz aus. Allerdings wechselten er und seine Nachfolger häufig zwischen den Wohnsitzen Blomberg und Brake.

Eine Gasse in der Blomberger Altstadt

Die Stadt und die Burg waren stark befestigt. Die Burg hatte neben der steinernen Wehr noch Wall und Graben zur Sicherung. Zusätzlich boten die nach Westen und Süden steil abfallenden Bergflanken einen natürlichen Schutz. Die Stadt war nach Osten und Norden hin von Mauern, Gräben, Wällen und Landwehren umgeben. Um die Stadt, die Burg und die Umgebung ranken sich viele Geschichten. Einige davon möchte ich hier vorstellen:

Die alte Blomberger Wasserleitung

Blomberg liegt frei und schön auf dem Berg. Schon mancher ist den steilen Weinberg emporgeklettert und hat von dort aus weit ins Land geblickt. Nur einer wollte nicht in die Stadt einkehren, so gern ihn auch die Bürger bei sich gesehen hätten: der Bach, der tief im Tal vorbeifloss. „Wer bringt uns nur den Bach für uns und unser Vieh, zu aller Segen in Feuersnot und dürren Zeiten in die Stadt?“ So hat wohl mancher der ehrbaren Bürger und mancher der weisen Stadtväter gefragt. Aber eine Antwort haben sie alle nicht gefunden. Da waren einmal in dem alten Stadtgefängnis, dem blanken Turm, zwei Männer, tapfere, starke Gesellen, die die Freiheit über alles liebten und sich vor keiner Arbeit scheuten. Sie versprachen dem Rat, den Bach in die Stadt zu leiten, wenn sie dafür die Freiheit erhalten sollten. Diese wurde ihnen gern versprochen. Und nun ging es ans Werk. Wohl eine gute Meile von der Stadt, im braunen Kampe, quoll eine lustige Quelle, die ganz Blomberg hätte mit Wasser versorgen können, wenn ihr Bach nicht abseits der Stadt durch Tal und Grund geflossen wäre. Doch die beiden Gefangenen, Hux und Wiehe mit Namen, wussten Rat. Mit viel Mühe, Fleiß und Ausdauer gruben sie einen starken und festen Graben von der Quelle an, die Hänge entlang bis zur Stadt, indem sie das Quellwasser auffingen und fortleiteten. In einem Teich, dem Schützenteich, wurde es schließlich gesammelt. Bei Feuersbrünsten wurde der Teich dann abgelassen und das Wasser floss durch die Straßen. Das Wasser aus dem Teich musste auch eine Mühle treiben, die Donnermühle. Die ganze Wasserleitung aber wurde nach den beiden Gefangenen die Huxwiehe oder Huxwiede genannt. Jeden Herbst musste der Graben zur Instandhaltung ausgeschlagen werden. Dazu hatte jeder Bürger einen Mann zu stellen. War die Zeit gekommen, schritt der alte Stadtdiener bedächtig durch die Gassen und rief: „Hallo, hallo, in die Huxwiehe, in die Huxwiehe!“ Und alle Bürger folgten. Und das war gut. So haben die Blomberger ihre Wasserleitung und die Gefangenen ihre Freiheit erhalten.

(NACH SCHWANOLD/WIEMANN O.J.)

Im seligen Winkel

In dieser Sage geht es um den im Mittelalter weitverbreiteten Wunderglauben:

Ein Blomberger Stadtteil heißt „Im seligen Winkel“. Woher stammt nun dieser merkwürdige und auch schöne Name? Eine gar unselige Tat bildet den Anfang

Im Seligen Winkel

der Geschichte des „seligen Winkels". Eine arme Frau, Adelheid mit Namen, wollte das Glück in ihr Haus bannen, indem sie eine geweihte Hostie stahl und bei sich aufbewahrte. Doch der Diebstahl wurde entdeckt, und die unglückliche Adelheid warf die Hostie in einen Brunnen. Zur Strafe für diesen Frevel musste sie ihr Leben lassen. Der Brunnen aber war von dieser Stunde an ein Wunderbrunnen. Eine alte Frau, die hineinfiel, kam als junges, frisches Mädchen wieder heraus. Kranke, die von dem Wasser tranken oder sich in ihm badeten, wurden gesund, mit welcher Seuche sie auch behaftet waren. So wurde denn der Brunnen ein Wallfahrtsort, ein „seliger Winkel", der vielen Menschen Glück brachte. Eine Kapelle wurde später über ihm erbaut, und selbst der Papst in Rom kannte ihn. Pilger ließen reiche Gaben zurück, aus denen bald ein Kloster errichtet werden konnte. Rasch blühte es auf, um später aber genauso schnell wieder zu verfallen. Nur die alte Klosterkirche „Im seligen Winkel" steht noch bis auf den heutigen Tag.

(NACH SCHWANOLD/WIEMANN O.J.)

Die Blomberger Langohren und die Blomberger Laterne

Spaß muss sein in der Welt. Das wissen neben den Mossenbergern auch die lieben Blomberger, die sich gefallen lassen müssen, dass immer wieder die Geschichte von

Der Eingang zur Burg Blomberg

den „Blomberger Langohren“ zum Besten gegeben wird und sie mit der „Blomberger Laterne“ gehänselt werden. Zu dem Namen und der Bezeichnung „Blomberger Langohren“ kamen sie so:

In einem dürren Sommer, als das Viehfutter recht knapp wurde, entdeckte einst ein Bürger, dass oben an der Stadtmauer ein paar Büschel langen Grases wuchsen. Kurz entschlossen holte er seinen Esel aus dem Stall, band ihm einen langen Strick um den Hals, rief ein paar handfeste Nachbarn, ließ sie auf einer Leiter die Mauer übersteigen, warf ihnen den Strick zu und ließ seinen braven Esel emporziehen. Als dieser oben ankam, ließ er die Zunge weit aus dem Halse hängen. Erfreut rief unten ein Mann: „Nu isset heau neaug, heu licket oll!“ Sie hielten mit aller Anstrengung den schweren Esel noch ein Weilchen fest. Dann ließen sie ihn wieder herunter, doch das arme Langohr war tot. Seine merkwürdige Geschichte lebte fort und seinen Namen vererbte er allen Blombergern.

(NACH KUHN 1859)

Mit der Blomberger Laterne aber hat es folgende Bewandtnis:

Die Blomberger Schuhmacher zogen mit ihrer Ware auf Jahrmärkte im ganzen Land. So wanderten sie oft bei dunkler Nacht auf unbekannten, schlechten Wegen. Doch sie wussten sich zu helfen: Der wegkundigste Meister ging voran, musste sich hinten die Hosennaht ein wenig aufschneiden und durch diesen Schlitz einen Zipfel seines blendend weißen Leinenhemdes wehen lassen. Das war dann die Laterne, die allen Nachfolgenden den Weg leuchtete.

(NACH SCHWANOLD/WIEMANN O.J.)

Der Wartturm auf dem Dickenberg bei Blomberg

Vor vielen Jahren stand auf dem Dickenberg ein großer stattlicher Wachturm, den ein fast erblindeter Wächter bewohnte. Zu seiner Unterstützung wurde ihm die Tochter des Blomberger Bürgermeisters zur Seite gestellt. Eines Tages sah der Mann in der Ferne etwas blinken und glaubte, ein Feind sei im Anmarsch. Er fragte das Mädchen, was das Blinken wohl zu bedeuten habe, und dieses antwortete: „Das ist nur eine Pflugschar, die in der Sinne leuchtet.“ Der Wächter hatte sich aber nicht getäuscht, denn schon kurze Zeit später kamen Feinde den Berg hinaufgestürmt. Er wehrte sich zwar heldenhaft, wurde aber schließlich von der Übermacht überwältigt und getötet. Die Tochter des Bürgermeisters wurde gefangen genommen und in ein Zelt ins Lager der Feinde gebracht. Der Anführer mochte sie gern leiden und befahl, ihr die Fesseln abzunehmen. In der Nacht flüchtete das Mädchen und erreichte schließlich die Stadt Blomberg. Dort erzählte es, was geschehen war, und rasch wurden die Stadttore geschlossen. Am anderen Tag ging nun das Mädchen mit seinem Vater, dem Bürgermeister, zum Wachturm, um den toten Wächter zu begraben. Da öffnete sich die Tür des Turmes und der Anführer trat heraus und bat um die Hand des Mädchens. Seiner Bitte wurde stattgegeben. Der frühere Anführer der Feinde wurde nun zum Wächter des Turmes ernannt und hat noch viele Jahre dort mit der Tochter des Bürgermeisters zugebracht.

(NACH SCHWANOLD/WIEMANN O.J.)

Der Nesselberg

Eine Wegstunde hinter Blomberg liegt ein Berg, der im Volksmund „Nessenberg“ genannt wird. Eigentlich müsste er „Nesselberg“ heißen, denn es gab eine Zeit, in der auf ihm statt des Waldes nur Nesseln wuchsen. Den Grund dafür erzählt die folgende Geschichte:

Vor sehr langer Zeit stand am Fuß des Berges ein kleines Haus, in dem ein Bauer, dem der Berg gehörte, mit seinem Sohn wohnte. Der Bauer und auch sein Sohn waren rechtschaffene, fleißige Leute, die immer guter Dinge waren, bis zu dem Tag, an dem der Bauernsohn die Waldfee sah. Der Junge wurde zu einem Träumer, der kaum noch etwas zustande brachte. Das hatte folgenden Hintergrund: Oben auf dem Berg zwischen den Bäumen lag eine Waldwiese, die der Bauernbursche besonders liebte.

Hier ruhte er sich gern am Sonntagnachmittag im Gras aus, denn er lag weich und bequem, der Wind spielte leise in den Wipfeln der Bäume und die Sonne schien ihm warm auf den Rücken. Oftmals schlief er dabei ein, doch wenn die Sonne verschwand und die Luft kühler wurde, erwachte er gleich und ging heim.

An einem Sonntag im Frühling war er ganz besonders müde und kaum hatte er sich im Gras ausgestreckt, schlief er auch schon ein. Er schlief und schlief und wachte erst auf, als der Mond ihm hell ins Gesicht schien. Doch eigentlich war er durch ein sonderbares Geräusch wach geworden. Es war ein leises Rauschen und Rascheln um ihn herum, wie von tanzenden Füßen. Was er nun sah, machte ihn sofort munter. Auf der Wiese tanzte die Waldfee im blassen Mondschein. In ihren Händen hielt sie lange, durchsichtige Schleier, wie aus zartem Nebel gewoben. So drehte und wiegte sie sich immerfort. Dabei bewegten sich ihre Füße im Takt der Melodie, die die Bäume leise spielten. Der Bauernsohn lag staunend und stumm da und wagte es nicht, sich zu rühren. Die Waldfee hatte ihn nicht bemerkt und tanzte so lange, wie der Mond schien, dann verschwand sie und auch der Bauernsohn ging nach Hause.

Am nächsten Morgen wollte der Bursche wie sonst auch an seine Arbeit gehen. Es ging ihm jedoch nichts von der Hand, so sehr er sich auch mühte, denn seine Gedanken waren immer noch bei der Waldfee. Je näher der Abend kam, umso mehr wuchs seine Unruhe. Als der Mond schließlich aufgegangen war, schlich er wieder auf den Berg in den Wald. Doch er wartete vergebens, die Waldfee kam nicht. An den folgenden Abenden erging es ihm nicht anders, denn die Waldfee tanzte nur bei Vollmond. Das wusste der Junge aber nicht und er wurde zusehends trauriger, weil er sie nicht sah. Er musste den ganzen Tag an sie denken und nachts konnte er vor lauter Gedanken und Sehnsucht nicht schlafen. Seinem Vater war das seltsame Verhalten seines Sohnes aufgefallen und er machte sich seine Gedanken.

Als nun eines Abends der Vollmond wieder schien und der Sohn sich erneut auf den Weg zur Wiese machte, schlich ihm sein Vater heimlich nach. An diesem Abend tanzte die Fee wieder und dieses Mal entdeckte sie den Jungen. Sie sah ihn mit ihren dunklen Augen an und sagte: „Siehst du mich gerne tanzen?“ Darauf antwortete er: „Du tanzt so schön, dass keiner dir widerstehen kann. Und käme selbst ein König, der die besten Tänzerinnen der Welt gesehen hätte, sähe er dich, so würde er nur dich lieben und ewig Sehnsucht haben, dich tanzen zu sehen.“ „Du bist mir lieber als der reichste König, denn du hast gute Augen und ein treues Herz. Du wirst mich nicht verraten. Immer wenn der Vollmond scheint, bin ich hier und tanze. Ich erlaube dir zu kommen, nur darfst du niemand davon etwas sagen.“ Dieses Gespräch hatte der alte Bauer mit angehört und weil er die Träumer nicht leiden konnte, beschloss er, der Fee einen Streich zu spielen.

Am darauffolgenden Tag schickte der Bauer seinen Sohn in die Stadt. Er selbst grub derweil die Waldwiese um und pflanzte Brennnesseln und Disteln darauf. Es dauerte nicht lange und das grüne Gras war verschwunden und nur struppiges Unkraut bedeckte den Boden. Als nun die Waldfee beim nächsten Vollmond wiederkam und tanzte, verbrannte sie sich ihre Füße an den Nesseln und die Schleier zerrissen an den Disteln. Fortan kam sie nie wieder. Die Nesseln wuchsen und wucherten so stark, dass schließlich alle anderen Pflanzen und Bäume auf dem Berg verdorrten. Der Bauernsohn aber konnte die Fee nicht vergessen und wurde immer trauriger. Der Bauer wurde später von den Leuten der Nesselbauer genannt und der Berg der Nesselberg. Als der Bauer und sein Sohn gestorben waren, vergingen die Nesseln wieder und Eichen und Buchen gediehen wie früher. Vielleicht ist ja auch die Waldfee zurückgekommen. Ein Besuch dort bei Vollmond könnte dies zeigen.

(NACH SCHWANOLD/WIEMANN O.J.)

Diese Geschichte handelt von einem Elementarwesen, einer Waldfee, die in der Volksüberlieferung häufig vorkommt, und charakterisiert auf anschauliche Art deren Wesenszüge. Sie zeigen die „andere Seite" des Lebens im Mittelalter: Schönheit, Anmut, Liebe, Warmherzigkeit und Mildtätigkeit stehen hier der blutigen, brutalen, ungerechten und entbehrungsreichen Wirklichkeit gegenüber. Die Erzählung drückt aber auch die Sehnsucht der einfachen Menschen nach dieser anderen Welt aus, die im Alltag scheinbar nur den „Edlen" und „Pfaffen" vorbehalten war.

Mossenberger Geschichten

In den nächsten Geschichten geht es um besondere Klugheit und außergewöhnlichen Einfallsreichtum. Jede Region hat mindestens einen Ort, bei dessen Bürgern diese Eigenschaften mehr als anderswo einen hohen Ausprägungsgrad erlangt haben. Auch hier ist das Land Lippe herausragend, denn es hat neben Blomberg noch die Mossenberger. Das mag ein kleiner Trost für die Mossenberger sein.

Das Brunnenmessen

Die Mossenberger wollten einmal einen Brunnen messen und wussten nicht, wie sie das anstellen sollten. Zuletzt machte einer folgenden Vorschlag: „Wir nehmen einen Wiesenbaum und legen ihn über den Brunnen, dann hängen wir uns alle daran, indem einer die Füße des andern fasst." Das taten sie dann auch. Aber dem obersten, der mit seinen Händen an dem Wiesenbaum hing und die andern alle tragen musste, wurde die Last zu schwer und er rief: „Kerls, haltet fest, ich muss erst mal in die Hände spucken!" Als er das nun tat, fielen sie alle in den Brunnen und ertranken.

(NACH SCHWANOLD/WIEMANN O.J.)

Die Mossenberger Störche

Als die Mossenberger zum ersten Mal Störche sahen, erschraken sie sehr, denn sie hatten solche Vögel noch nie gesehen. Es war aber um die Zeit, als der Roggen reif war, und da die Störche sich auf denselben gesetzt hatten und die Mossenberger fürchteten, dass sie ihnen das Korn auffressen möchten, holten sie jemand, der das Schießen verstand. Vier Mann trugen den Jäger auf einer Mistbahre, denn sie fürchteten, dass er ihnen das Korn allzu sehr zertreten möchte, waren aber nicht wenig verwundert, als sie nachher sahen, dass dessen ungeachtet so viel Korn zertreten war.

(NACH KUHN 1859)

Die Mossenberger Kapelle

Um die Kapelle in Wöhren scheint es über lange Zeit heftige Auseinandersetzungen zwischen den Mossenbergern und Wöhrenern gegeben zu haben. Davon – und von noch mehr – geht es in den folgenden drei lehrreichen Geschichten, die auch von der Klugheit der Bürger zeugen:

Wenn in Mossenberg oder Wöhren einer starb, wurde in der Kapelle von Wöhren geläutet. Die Mossenberger aber wollten die Kapelle im eigenen Dorf haben, da sie das Geläut nicht mehr hören konnten. Sie beschlossen also in mehreren Versammlungen, die Kapelle nach Mossenberg zu holen. Aber wie? Sie wegzutragen oder wegzufahren, trauten die Leute sich nicht zu. Aber wenn man das Häuschen vorsichtig rollte, das musste glücken. Aus dem ganzen lippischen Lande wurden Erbsen gesammelt, Sack um Sack, und zwischen Wöhren und Mossenberg ausgestreut. Wie lachten die Wöhrener und schmausten die Tauben! Die Mossenberger aber bestellten all ihre Freunde von nah und fern, stellten sich dicht gedrängt hinter die Kapelle und schoben, was das Zeug hielt. Das gab ein Getümmel, Gedränge und Geschrei. Die dicksten Bauern standen der Kapelle am nächsten und wurden wie in einem Kuchen zusammengedrückt. Aber die Kapelle rührte sich nicht. Die hintersten meinten nun, als nach vorn etwas Platz wurde, die Kapelle rolle weiter, und drückten immer mehr, zumal sie das Geschrei als Ausdruck des Jubels und der Freude verstanden. Endlich gelang es einem Boten, nach hinten zu kommen und den Leuten Einhalt zu gebieten. Fünfzig Mossenberger aber waren zu Mus zerquetscht. Nie wieder haben die Mossenberger versucht, eine Kapelle auf Erbsen zu rollen.

Die Kapelle in Wöhren

Eine etwas andere Wendung der Geschichte wird im folgenden Fall beschrieben:

In Wöhren hatten die Mossenberger und Wöhrener eine gemeinsame Kapelle, deren Glocke bei Todesfällen und Feuersbrunst geläutet wurde. Die Mossenberger wollten nun die Kapelle in ihr Dorf holen und beschlossen, dies des Nachts zu machen. Sie bestreuten den Weg von Mossenberg nach Wöhren mit Erbsen, um die Kapelle fortrollen zu können. Damit sie aber in der Dunkelheit auf dem rechten Weg bleiben konnten, zogen sie einen Bindfaden am Weg entlang. Die Wöhrener waren aber fest entschlossen, sich ihre Kapelle nicht so einfach stehlen zu lassen, und zogen den Bindfaden über einen Teich. Als nun die Mossenberger am Abend, dem Bindfaden folgend, zur Kapelle zogen, fielen alle in den Teich. Nach diesem Erlebnis gaben sie ihr Vorhaben auf und die Kapelle steht noch heute auf ihrem alten Platz in Wöhren.

So hatten es die Mossenberger also nicht geschafft, die Kapelle in ihr Dorf zu bekommen. Endlich wurde dann beschlossen, selbst eine zu bauen. Gesagt, getan. Als sie fertig war, wurde sie vom Blomberger Pastor eingeweiht. Bei dieser Feier erzählte er die Geschichte von Jesus, der auf dem Wasser geht, und von Petrus, der es ihm nachmachen will, es aber nicht richtig fertigbringt. Als nun die Mossenberger beim Festessen saßen und über die Geschichte redeten, sagte einer: „Wenn ek doch up Wader treen könne." Einer von den fremden Gästen stand nun auf und meinte, dass er das für viel Geld den Mossenbergern wohl zeigen könnte. Hundert Mariengroschen sollte es kosten und nur seine Füße würden dabei nass werden. Die Freude war groß und alle waren auf die angekündigte Vorführung gespannt. Der Fremde ließ sich beim Blomberger Schmied eine Eisenplatte machen, legte sie in eine kleine Pfütze und sprang dann auf die Platte. Als er das Kunststück vorgemacht hatte, musste es ein Mossenberger nachmachen. Nachdem es auch diesem gelungen war, erhielt der Fremde die vereinbarten hundert Mariengroschen und zog eiligst von dannen. Die Mossenberger aber zogen nun zum großen Dorfteich, damit alle auf einmal auf dem Wasser gehen könnten. Aber alle versanken im Wasser und wenn sie nicht so lange Gesichter gemacht hätten, wären sie alle ertrunken. Noch heute sagen die Mossenberger: „Gong upm Wader, öwer sink' er nich in."

Das Eselsei

Eines Tages kam ein Mann durch Mossenberg, der in seiner Kiepe einen Kürbis trug. Da er müde und durstig von seiner langen Wanderung war, ruhte er sich ein wenig auf einem Stein am Wegesrand aus und bat eine Frau um etwas Wasser. Schnell sammelten sich einige Leute aus dem Dorf um den Mann und bestaunten den im Korb liegenden Kürbis. Auf die Frage, was das für ein seltsames Ding sei, antwortete der Mann, dieses sei ein Eselsei. Er verkaufte ihnen auf ihr Verlangen hin schließlich das Eselsei für gutes Geld und ging wieder seines Weges. Die Mossenberger beschlossen, das Eselsei nacheinander auszubrüten. Zu diesem Zweck richteten sie in einem alten Schuppen ein Nest her, das sie mit Wermut und Wacholderbeeren auslegten, damit das Ei nicht müffig würde. Anschließend begannen sie einer nach dem anderen mit dem Brutgeschäft. Als aber nach wochenlangem Brüten immer noch kein kleiner Esel zum Vorschein kam, wurde ein Mossenberger des langen Sitzens überdrüssig und warf das Ei auf die nahegelegene Wiese vor dem Schuppen. Dadurch wurde ein Hase aufgeschreckt, der schnell davonlief. Nun hielten die Mossenberger den Hasen für einen kleinen Esel, der aus dem Ei geschlüpft war, und versuchten, ihn zu fangen. Zu ihrem großen Verdruss ist ihnen das aber nicht gelungen.

(NACH SCHWANOLD/WIEMANN O.J.)

Die Schlacht am Finkenborn

Zwischen Sabbenhausen und Lügde liegt ein großer Wald aus Buchen und schön gewachsenen Eichen. Ein Teil des Waldes gehört zu Lippe, der andere zu Pyrmont (früher Waldeck). Am Waldesrand steht das Forsthaus Finkenborn. Von diesem Grenzwald handelt die nächste Sage:

Um diesen Wald hatte es in ferner Zeit einmal einen Streit zwischen den Lippern und Waldeckern gegeben, der in eine Schlacht beim Forsthaus Finkenborn mündete. Es ging wüst hin und her und viel Blut wurde auf beiden Seiten vergossen. Keiner der Kontrahenten konnte jedoch den Sieg erringen. Schließlich schloss man einen Waffenstillstand und gelobte, fortan Frieden zu halten. So kamen die Lipper in den Besitz von zwei Dritteln des Waldes.

(NACH SCHWANOLD/WIEMANN O.J.)

Der Köterberg

Mit knapp 500 Metern ist der Köterberg der höchste Berg des Lipper Berglandes. Südwestlich der Stadt Lügde gelegen, überragt er weithin sichtbar seine Umgebung. Nahe am Gipfel stoßen das ehemalige lippische Amt Schwalenberg von Nordwesten, das ehemalige Gebiet der Fürstentümer Paderborn und Corvey von Süden und das hannoversche Amt Polle von Osten her zusammen. Im 16. Jahrhundert wurde der Köterberg mehrfach im Zusammenhang mit der Vergabe von Schürfrechten genannt. Die vorhandenen Erzvorkommen an Gold, Silber, Kupfer und Blei lohnten jedoch keinen bergmännischen Abbau. Die Brüder Grimm haben 1816 zwei Sagen über den Köterberg in ihr Buch „Deutsche Sagen“ aufgenommen. Angesichts der Götterverehrung unserer Vorfahren deuten sie den Namen des Berges als „Götzenberg“. Andere Erklärungen für die Wortherkunft sind „Kötter“ (Bezeichnung für einen Kleinstbauern) und „Kott“ (Schnad, Grenze; Grenzberg). Ein Grimm'sches Märchen, „De drei Vügelkens“, stammt nachweislich ebenfalls vom Köterberg. Die beiden Sagen sind nachfolgend im Originaltext des frühen 19. Jahrhunderts wiedergegeben:

Der Köterberg (an der Grenze des Paderbornschen, Lippeschen und Korveischen) war sonst der Götzenberg genannt, weil die Götter der Heiden da angebetet wurden. Er ist innen voll Gold und Schätze, die einen armen Mann wohl reich machen

Der Köterberg

könnten, wenn er dazu gelangte. Auf der nördlichen Seite sind Höhlen, da fand einmal ein Schäfer den Eingang und die Türe zu den Schätzen, aber wie er eingehen wollte, in demselben Augenblick kam ein ganz blutiger, entsetzlicher Mann übers Feld dahergelaufen und erschreckte und verscheuchte ihn. Südlich auf einem waldbewachsenen Hügel am Fuße des Berges stand die Harzburg, wovon die Mauern noch zu sehen und noch vor kurzem Schlüssel gefunden sind. Darin wohnten Hünen, und gegenüber, auf dem zwei Stunden fernen Zierenberg, stand eine andere Hünenburg! Da warfen die Riesen sich oft Hämmer herüber und hinüber.

(Brüder Grimm 1816)

Die Springwurzel

Vorzeiten hütete ein Schäfersmann friedlich auf dem Köterberg, da stand, als er sich einmal umwendete, ein prächtiges Königsfräulein vor ihm und sprach: „Nimm die Springwurzel und folge mir nach." Die Springwurzel erhält man dadurch, dass man einem Grünspecht (Elster oder Wiedehopf) sein Nest mit einem Holz zukeilt; der Vogel, wie er das bemerkt, fliegt alsbald fort und weiß die wunderbare Wurzel zu finden, die ein Mensch noch immer vergeblich gesucht hat. Er bringt sie im Schnabel und will sein Nest damit wieder öffnen; denn hält er sie vor den Holzkeil, so springt er heraus, wie vom stärksten Schlag getrieben. Hat man sich versteckt und macht nun, wie er herankommt, einen großen Lärm, so lässt er sie erschreckt fallen (man kann aber auch nur ein weißes oder rotes Tuch unter das Nest breiten, so wirft er sie darauf, sobald er sie gebraucht hat). Eine solche Springwurzel besaß der Hirt, ließ nun seine Tiere herumtreiben und folgte dem Fräulein. Es führte ihn bei einer Höhle in den Berg hinein.

Kamen sie zu einer Türe oder einem verschlossenen Gang, so musste er seine Wurzel vorhalten, und alsbald sprang sie krachend auf. Sie gingen immer fort, bis sie etwa in die Mitte des Bergs gelangten, da saßen noch zwei Jungfrauen und spannen emsig; der Böse war auch da, aber ohne Macht und unten an den Tisch, vor dem die beiden saßen, festgebunden. Ringsum waren in Körben Gold und leuchtende Edelsteine aufgehäuft, und die Königstochter sprach zu dem Schäfer, der da stand und die Schätze anlusterte: „Nimm dir, so viel du willst." Ohne Zaudern griff er hinein und füllte seine Taschen, so viel sie halten konnten, und wie er, also reich beladen, wieder hinauswollte, sprach sie: „Aber vergiss das Beste nicht!" Er meinte nicht anders, als das wären die Schätze, und glaubte sich gar wohl versorgt zu haben, aber es war das Springwort [gemeint ist die Springwurzel]. Wie er nun hinaustrat, ohne die Wurzel, die er auf den Tisch gelegt, schlug das Tor mit Schallen hinter ihm zu, hart an die Ferse, doch ohne weiteren Schaden, wiewohl er leicht sein Leben hätte einbüßen können. Die großen Reichtümer brachte er glücklich nach Haus, aber den Eingang konnte er nicht wiederfinden.

(Brüder Grimm 1816)

Lügde

Die Riesen vom Schildberg und vom Osterberg

In der Zeit, als die Hünen aus dem Land vertrieben wurden, blieben schließlich noch zwei Riesen übrig. Einer wohnte auf dem Schildberg, der andere auf dem Osterberg, die beide im Emmertal bei Lügde liegen. Weil sie beide so groß und stark waren,

Der Osterberg in Lügde

Der heilige Kilian an der Kilianskirche in Lügde

wagte es kein Mensch, sich mit ihnen anzulegen. Wenn sie nun zu Mittag Brei gekocht hatten, reichten sie sich diesen in riesigen Löffeln gegenseitig über das Tal von Berg zu Berg. Wen wundert's, dass dann die Menschen unten im Tal immer einen gehörigen Schrecken bekamen.

(NACH KUHN 1859)

Die feurigen Rosen

In dieser Geschichte geht es um die Gründung der Kilianskirche in Lügde. Lügde wird schon früh in den karolingischen Reichsannalen erwähnt. Im Jahr 784 feierte hier der König zur Zeit der Sachsenmission das Weihnachtsfest. Im Gedenken an dieses Ereignis wurde daraufhin an dieser Stelle eine kleine Kirche errichtet, die im 12. Jahrhundert durch die heutige Kilianskirche ersetzt wurde. Lügde muss zu diesem Zeitpunkt bereits ein recht bedeutender Ort gewesen sein, denn der Aufenthalt des Königs mit seinem Gefolge setzte wegen dessen Versorgung eine gewisse Größe voraus. Zudem gab es in der Nähe eine bekannte Heilquelle und der Ort lag an einer Furt durch die Emmer. Ein Hinweis auf das hohe Alter der Kirche, die ursprünglich wohl als karolingischer Saalbau errichtet wurde, ist das Kilianspatrozinium. Warum die Kirche genau an diesem Ort erbaut wurde, darüber berichtet die folgende Sage:

Die Kilianskirche in Lügde

Am Fuß des Kirchberges bei Lügde wuchsen einmal in einer Nacht drei feurige Rosen. Sie blühten nur für eine Stunde und verschwanden so plötzlich, wie sie gekommen waren. Die Leute in Lügde aber sahen die leuchtenden Rosen. Sie konnte sich dieses nicht erklären und fürchteten sich sehr. Da nun aber diese Erscheinung Nacht für Nacht wieder zu sehen war, wurden sie schließlich mutiger und gruben an einem Morgen an der Stelle, wo die Rosen in der Nacht geleuchtet hatten. Tief im Boden fanden sie ein Marienbild aus Stein. Sie sahen dies als einen Wink Gottes und errichteten an der Stelle eine Kirche. In eine Außennische der Kirche stellten sie dann das gefundene Marienbild. Hier hat es lange gestanden, bis vor etwa zweihundert Jahren das Marienbild plötzlich verschwunden war. Da nahmen die Lügder Bürger ein Standbild des heiligen Kilian, das bislang als Schutzpatron über dem Stadttor von Lügde stand, und setzten es in die Nische an der Kirche. Dort ist das Standbild heute noch zu sehen und der heilige Kilian hält mit Krummstab und Schwert Wacht über die altehrwürdige Kirche.

(NACH SEILER 1848)

Die Ampel auf dem Kirchhof zu Lügde

Einst, vor vielen Hundert Jahren, hatte sich ein Rittersmann in dem großen Wald verirrt, der damals die Stadt Lügde einschloss. Er kannte weder Weg noch Steg und er und sein Ross hatten bereits so lange gehungert und gedürstet, dass sie sich kaum noch weiterschleppen konnten. Von Reiten konnte überhaupt keine Rede mehr sein, denn der Ritter zog das Ross mehr am Zügel hinter sich her. Da ergriff ihn

Verzweiflung, denn er hatte schon alle Hoffnung aufgegeben, aus dem dichten Wald herauszukommen und ein sicheres Obdach zu erreichen. Doch plötzlich leuchtete in weiter Ferne durch die dichten Bäume ein Licht auf. Erleichtert und freudig atmete der Arme auf, denn wo ein Licht war, da mussten auch Menschen sein. So sprach er seinem Ross Mut zu und als ob es seine Worte verstanden hätte, wieherte es ihm entgegen, raffte sich auf und so zogen beide miteinander dem Licht entgegen. Es war ein weiter Weg, bis sie es endlich erreichten. Das Licht war ein Feuer, das die Totengräber auf dem Kirchhof zu Lügde zur Zeit der furchtbaren Pest, die man den schwarzen Tod nannte, angezündet hatten. Gerade als der Ritter das Licht erreicht hatte, erlosch es und er sank auf seine Knie und dankte dem Herrn dafür, dass er ihn aus Lebensgefahr gerettet hatte. Er legte das Gelübde ab, eine Stiftung zu machen, sodass jede Nacht hier eine Leuchte angezündet werden solle, die verirrten Wanderern den Weg hierher zeigen solle. So ist es auch geschehen und noch heute brennt die Ampel, erhalten von der frommen Spende des Ritters und anderer Gläubigen.

(NACH GRÄSSE 1868)

Das verwünschte Kirchlein

Der Kirchberg bei Lügde ist eine imposante Erscheinung im Tal der Emmer. Heute ist der Berg mit Gärten und Getreidefeldern bedeckt, aber vor langer Zeit war es anders. Da standen hier hohe Buchen und Ulmen und es gab auf dem ganzen Berge keine einzige baumfreie Stelle. Mitten im Wald wohnte der sogenannte Bergförster, ein noch junger stattlicher Mann, der in der ganzen Gegend als wohlhabend bekannt war. Gleichwohl hatte er aber kein Glück bei den Frauenzimmern, denn es war ihm noch nicht gelungen, für sein Haus eine passende, fleißige Frau zu finden. Wo er hinkam, fand er die Mädchen bereits mit Liebhabern versehen und auch sein Reichtum vermochte keine zu locken.

Nun hatte er ein besonderes Auge auf ein junges, munteres Bauernmädchen, Elsbeth genannt, geworfen, die unten im Tal wohnte. Aber diese wollte ebenso wenig von seinen Liebesanträgen etwas wissen wie all die anderen Mädchen im Dorf. Wenn der Förster am Abend den Berghang hinab zu ihrer Hütte schlich, fand er Tür und Fensterläden verschlossen. Am anderen Tag musste er dann hören, dass der oder jener Bauernbursche unterdessen bei dem Mädchen gewesen war. Gleichwohl nahm deshalb seine Zuneigung zu der schönen Elsbeth mehr zu als ab und das Verlangen, sie zu besitzen, ließ ihm weder Tag noch Nacht Ruhe. Da fiel ihm ein, er wolle seine Zuflucht zu einer klugen Frau nehmen, die in der Schlucht, wo es heute zur Hölle heißt, wohnte und von der die Leute sagten, sie wisse mehr als andere Leute und verstehe, Liebestränke zu brauen. So mancher habe sich schon bei ihr Rat und Hilfe geholt. Wie sehr es ihn auch eigentlich vor der Alten graute, er fasste schließlich Mut und stieg hinab zu ihr. Er fand die Alte am Spinnrad in ihrer Hütte sitzen. Sie rief ihm zu: „Ich weiß schon, was Ihr wollt. Wäret Ihr eher gekommen, so könntet Ihr schon lange in der schönen Elsbeth

Armen ruhen. Ich will Euch aber gern helfen, denn ich kenne alle die Kräuter und Wurzeln, die man zu einem Zaubertrank braucht. Aber eines müsst Ihr selber herbeischaffen und das ist das, was den Trank erst richtig kräftigt: zehn Tropfen geweihten Weines, wie der Priester ihn am Altar bewahrt. Die muss ich haben, wenn meine Arbeit etwas nützen soll. Kommt zurück, wenn wieder der Vollmond glänzt, und bringt mir den Wein, den Ihr selbst aus der Kirche geholt habt. Dann ist in wenigen Tagen das Mädchen Euer. Nur hütet Euch aber davor, dass Ihr Euch mit dem Kelch in der Hand umschaut, denn dann wäre es um Euch geschehen!" Damit schob sie ihn zu ihrer Hütte hinaus.

Nun stand aber oben auf dem Gipfel des Berges eine uralte Bergkirche, zu der im FrühJahr immer eine große Wallfahrt aus der Umgebung stattfand und wo dann ein Hochamt gehalten wurde. Zu dieser Kirche hatte aber der Förster die übrige Zeit des Jahres hindurch den Schlüssel in Verwahrung. Lange kämpfte er mit sich, ob er den gottlosen Raub wagen sollte. Immer hoffte er, das Mädchen noch auf andere Weise gewinnen zu können, und so verging der Sommer. Als dann der Spätherbst kam und die Blätter fielen und der Förster die Elsbeth immer noch nicht für sich gewonnen hatte, da beschloss er, die Tat zu wagen. Als der Vollmond wieder aufging, hielt es ihn nicht länger in seinen vier Wänden. Er nahm den Schlüssel, hing die Büchse über die Schulter und trat in die mondhelle Nacht hinaus. Schwarze Wolken jagte der Sturm über den Himmel und die Eulen wurden im Walde wach und riefen ihren Unglücksruf, so, als wollten sie ihn warnen. Aber er ließ sich nicht abhalten und schon sah er die Kirche nahe über sich. Unten aber, tief in der Schlucht, glänzte Feuer und als er hinabsah, da erblickte er die Alte an einem großen Kessel sitzen, gerade als hätte sie ihn an diesem Tag erwartet. Da sprang er mutig die letzten Stufen zur Kirche hinauf und steckte den Schlüssel ins Schloss. Die alte Pforte öffnete sich, er trat ein in den vom Vollmond erleuchteten Raum und schritt zum Altar. Mit zitternder Hand griff er nach dem heiligen Schrein, der das Blut des Herrn in sich schloss. Morsch und alt wie sie war, zerbrach die kleine Kiste von der stürmischen Berührung. Aber auch diese letzte Warnung rührte ihn nicht. Er griff nach dem heiligen Nass, zählte und tröpfelte dasselbe in seinen Becher hinein. Da kam tiefes angstvolles Seufzen aus des Berges Grund herauf, so schwer und grauenhaft, dass sich der Förster unbedacht umsah und dabei den Kelch fallen ließ, der schrillend am Boden hinrollte. In diesem Augenblick fuhr es eisigkalt wie der Tod über seinen Rücken. Sein Atem stockte, sein Blut gerann in den Adern, sein Herz stand still und er ward zu Stein.

Als aber die Leute im nächsten Mai wieder in die Kirche kamen und sahen, was vorgegangen war, denn hier hätte den verschwundenen Förster niemand gesucht, da meinten sie, das Steinbild am Altar mit den verzerrten Zügen müsse wohl ein böser Geist sein und hielten die Kirche für verwünscht. In den folgenden Jahren wallfahrtete niemand mehr zu dem Berg. Die Kirche verwitterte und sank nach und nach in Trümmer, die man auf dem Berg, der nach ihr der Kirchberg heißt, noch vor einiger Zeit sehen konnte.

(Nach Seiler 1848)

Schwester Irmgard

In einer Schlucht, nahe bei der Stadt Lügde, stand einst am Weg zur Hermannsburg ein Nonnenkloster. Es war ein reich ausgestattetes Kloster mit Mühlen, Vorwerken und großem Landbesitz. In dem Kloster lebte einmal eine Nonne, Schwester Irmgard, die hatte heimlich einen Liebsten. Das war ein junger Jägersmann. An jedem Abend trafen sie sich im Klostergarten und herzten und liebten einander. Der Jäger hatte Schwester Irmgard versprochen, sie eines Tages aus den Klostermauern zu befreien und sie mit sich zu nehmen an die Ufer des Rheines. Die Zeit ging dahin und die Nonne spürte, wie sich ihr Kind unter ihrem Herzen regte. Sie konnte nur noch schwer ihren Umstand vor den anderen verbergen und drängte den Jägersmann flehentlich bittend zur Tat. Dieser jedoch wollte plötzlich nichts mehr von all dem Gesagten und den Versprechungen wissen und ließ sich schließlich gar nicht mehr bei Schwester Irmgard blicken. Da stand eines Abends die Betrogene trübsinnig am Fenster ihrer Zelle und blickte sehnsüchtig auf den Weg, den der Jägersmann sonst immer gekommen war. Ihre Gedanken wurden immer düsterer und ihr Herz pochte wie wild. Mit einem Mal hörte sie wildes Gemurmel auf den Gängen und in den Zellen rings um sie herum. Nach einer Weile konnte sie die Stimme der Oberin erkennen, die sprach: „Wie konntest du mir nur solche Schande machen? Du Ehrlose sollst nicht länger in unserer Mitte geduldet sein und mit deiner Anwesenheit unsere heiligen Mauern entweihen. Du sollst aus unserer Gemeinschaft ausgestoßen werden und in die falsche Welt gehen, deren Verlockungen du nicht widerstehen konntest. Dort sollst du dann im Elend deine Tat bereuen!" Während diese Worte fielen, waren die Nonnen ihrer Zelle immer näher gekommen und standen schließlich vor Schwester Irmgards Zellentür. Vor lauter Verzweiflung riss sie

Am Mythenweg an der Herlingsburg

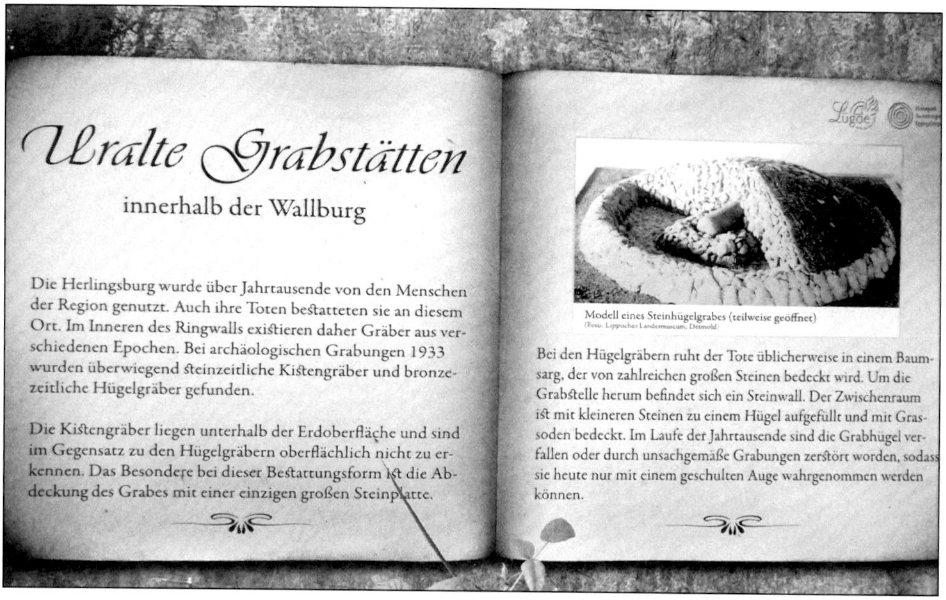

Gräber an der Herlingsburg

nun das Fenster auf und stürzte sich in ihrer Not hinab auf den Hof. Auf dem steinigen Pflaster schlug ihr Körper hart auf und sie hauchte ihr Leben aus.

Das Kloster gibt es nicht mehr. Die Mauern sind längst verfallen und die Spur ist im Laufe der Zeit verschwunden. Geblieben ist im Volk die Sage vom falschen Jägersmann und Schwester Irmgard. Und wer spät am Abend von der Hermannsburg kommt, sieht am Bach schattenhaft, blutig und ruhelos wandelnd den Geist der unglücklichen Schwester Irmgard.

(NACH SEILER 1848)

Der Osterräderlauf in Lügde

An dieser Stelle soll auf die alte Tradition des Osterräderlaufs in Lügde hingewiesen werden. Der Lauf der sechs großen, mit Stroh ausgestopften Osterräder ist für jeden Betrachter ein eindrucksvolles, unvergessliches Erlebnis: Brennend und funkenstiebend rollen sie nach dem ersten Vollmond im Frühjahr, am Abend des ersten Ostertages den Berg herab ins Tal der Emmer. Die Ursprünge dieses Brauchs können nachweislich bis zum Jahr 784 zurückverfolgt werden, als Karl der Große in Lügde sein erstes Weihnachtsfest auf sächsischem Boden feierte. Sie gehen aber in der Zeit sicher noch viel weiter zurück. Der Brauch deutet auf ein Ritual hin, das mit der Sonnenverehrung unserer heidnischen Vorfahren in Zusammenhang steht. Für die bäuerliche Kultur war die Sonne der Garant für Fruchtbarkeit und Wohlergehen der gesamten Gemeinschaft. Nach einer harten entbehrungsreichen Zeit verhieß ihre

Wiederkehr das Ende der winterlichen Ruhe und den Beginn des Frühlings. Sie war mit ihrer Wärme das Symbol für den Neubeginn des Lebens im Jahreslauf. Die Räder sollten den Winter und die bösen Geister vertreiben und den Menschen zu einer guten Ernte und reichlich Nachkommen verhelfen. Aber bereits in der Zeit, als die Menschen noch von der Jagd und der Viehhaltung lebten, waren Räder und Radkreuze ein wesentlicher Bestandteil der Mythologie: ein Symbol für die am Himmel kreisende Sonne, die als ein himmlischer Kriegsgott in einem Streitwagen ihre Bahnen über den Himmel zog.

Bad Pyrmont

Der Kampf der Toten

Auf einem Berg bei Pyrmont, der heute „Hünenburg" genannt wird, wohnte vor langer Zeit einmal ein mächtiger Hünenkönig in seinem festen Schloss. Wenn er von seinem Turm ringsherum ins Land blickte, stellte er fest, dass alles, was er sah und noch darüber hinaus, ihm gehörte. In seiner Burg hütete er jedoch einen wunderbaren Schatz, der kostbarer war als alles Gold und Gut. Das war seine Tochter Ilda, die von ganz besonderer Schönheit und Anmut war. Der Hünenkönig behütete sie mit großer Sorgfalt, sodass kaum jemand ihr Antlitz schauen konnte. Aber dennoch war die Kunde von diesem Kleinod ins Land gedrungen und es machten sich viele Freier auf, um ihre Gunst und Hand zu werben. Der König hatte jedoch geschworen, sie niemandem zu geben, der ihn nicht vorher im Zweikampf besiegt hatte. Er wusste, dass dieses keinem gelingen würde, zumal, so wie Ilda die schönste Frau weit und breit war, er als der stärkste Kämpfer galt. Ob es jemals also einer versucht hat, ist nicht bekannt. Nun fasste aber eines Tages ein Ritter den Entschluss, das Wagnis einzugehen, und tat ein Gelübde, nicht eher ruhen zu wollen, bis er die schöne Ilda für sich gewonnen hat.

In dieser Zeit rüstete sich der alte Hünenkönig, um mit seinem Heer einem befreundeten König zu Hilfe zu kommen, da dessen Reich in Gefahr war. So zog er mit den Besten seines Reiches, an die sechzigtausend Mann, gut mit Waffen und Gerät ausgestattet, ins Feld. Ein stattlicheres Heer hatte wohl niemand zuvor gesehen. Auch der treue Freier Ildas sah die gewaltige Streitmacht und hörte von dem Versprechen des Hünenkönigs, seinem Freund beizustehen, koste es, was es wolle, selbst wenn dabei sein eigenes Land leer von Männern und schutzlos sei. Diese Gelegenheit wollte nun der Freier nutzen, seine holde Ilda für sich zu gewinnen. Er rüstete in großer Eile ein eigenes Heer aus, für welches er alle Vasallen und Reisigen aufbot, über die er verfügen konnte. Schließlich war alles für die kühne Brautfahrt bereit und der Ritter zog an einem hellen Sommermorgen mit den Seinigen voller Zuversicht zur Hünenburg. Sie verbargen sich bis zum Abend in der Nähe und verließen erst ihr Versteck, als es dunkel wurde. Leise und vorsichtig gelang es ihnen, die Burg einzuschließen, aber es stand noch ein schwerer Kampf mit den Burgmannen aus, die der Alte zum Schutz dort gelassen hatte. Der Kampf dauerte nun schon viele Stunden und viele der Getreuen des Ritters waren schon gefallen, da spornte plötzlich der Ritter mit wilder Entschlossenheit sein Ross an und sprengte durch den Pfeilhagel der Verteidiger auf das Burgtor zu. Er schwang seine Streitaxt und ließ einen gewaltigen Schlag auf das Tor nieder, sodass die Türflügel unter der Wucht zerbrachen. Mit lautem Siegesgeschrei stürmte er mit den Seinen durch die Öffnung, alles und alle erschlagend, die sich ihnen in den Weg stellten. So nahmen sie Raum für Raum der Burg ein und gelangten endlich zu den Gemächern, in denen sich Ilda mit ihren Zofen aufhielt. Plötzlich quollen ihnen dichter Rauch und lodernde Flammen entgegen. Der mutige Ritter sprengte vorwärts und gewahrte eine in Feuer und Rauch gehüllte Frau, die dem Erstickungstod nahe war. Es war die schöne Ilda selbst, die, nachdem ihre Zofen geflohen waren, noch einige Kostbarkeiten vor den Flammen retten wollte. Sie wurde schließlich vom Feuer umschlossen und rief händeringend um Hilfe. Der Ritter sprang durch die lodernden Flammen, ergriff die Unglückliche und trug sie auf seinen starken Armen aus dem Feuer. Sie lag nun ohnmächtig in den Armen des Ritters, doch war sie unverletzt. Ihr Herz klopfte schnell und laut, als der Ritter die Jungfrau aus der brennenden Burg brachte. Die aufgehende Sonne bestrahlte in einem wunderschönen Schein ihre blassen Wangen. Rasch ging nun die Fahrt zum Ufer des großen Meeres. Dort bestiegen sie die wartenden Schiffe und fuhren zu einer fernen Insel, wo der treue Ritter seine Burg hatte.

Als der Hünenkönig fern der Heimat diese Geschichte hörte, kehrte er eiligst zurück, um den Raub seiner Tochter zu rächen. Doch er kam zu spät und brachte auch nur noch ein Viertel seiner Männer aus der Schlacht in den Südlanden zurück. Mit diesen wenigen Getreuen schiffte er sich ein und fuhr zur Insel des Ritters. Mit aller Wut rannten er und seine Männer gegen die Mauern der Burg an, doch vergebens. Nach einem Tag lagen hundert Tote beim Anbruch der Nacht vor der Festung. Am nächsten Morgen stand Ilda auf der Burgmauer und rief Worte des Friedens und der Versöhnung ihrem Vater zu. Doch der Alte blieb unbeugsam und wollte von alldem nichts wissen. Da änderte Ilda ihre bisherigen Bestrebungen und spornte nun die Verteidiger der Burg zu neuen Taten an. Wieder wogte der Kampf einen Tag hin und her. Einen Sieger gab es am Ende wieder nicht und wieder lagen hundert Tote vor den Mauern. Als es nun Mitternacht wurde, begann Ilda, dunkle, zaubergewaltige Lieder zu singen, sodass die Toten sich aufrichteten und bis zum Morgengrauen kämpften. So wiederholte es sich Nacht für Nacht und bald war kein Lebendiger mehr auf der Insel. Nur die Toten stritten noch gegeneinander. Diejenigen, die dieses gesehen haben, sagen, dass das so noch bis zum Jüngsten Tag dauern wird.

(Nach Seiler 1848)

Schell-Pyrmont

Die Burg Schell-Pyrmont, heute Schellenburg genannt, ist der Rest einer alten Höhenburg auf dem Schellenberg bei der Stadt Bad Pyrmont an der lippischen Grenze. Die

Die Wallburg „Alt-Schieder“

Burg wurde um 1184 vom Kölner Erzbischof Philipp von Heinsberg zur Sicherung des Weges durch das Emmertal hin zur Weser errichtet. Nach einer Fehde zwischen dem Erzbischof von Köln und den Pyrmonter Grafen kamen die Edelherren zur Lippe im Jahr 1262 in den Besitz der Burg. In der Folgezeit wurde die Anlage schließlich zerstört und nur noch wenig Mauerwerk ist sichtbar. Die weitläufigen Wallanlagen und Schutthügel deuten auf die einstige Größe hin. In einer viel weiter zurückliegenden Sage geht es um die Zeit der Römerkriege und um Arminius, den Cheruskerfürsten:

Vor langer Zeit, als Rom versuchte, das Land bis hin zur Elbe zu unterwerfen, wohnte auf dem Berg Thusnelda, die Frau des Arminius. Sie besaß einen kleinen Vogel, der reden konnte. Der Vogel flog oft im Land umher und überbrachte ihr allerlei Neuigkeiten. Da kam eines Tages der Vogel wieder geflogen und rief immerzu: „Hessental blank! Hessental blank!“ Er zeigte damit an, dass ein römisches Heer durchs Hessental zog, von dessen hellen Rüstungen und Waffen das ganze Tal erstrahlte. Da sandte Thusnelda eilig Boten zu ihrem Mann Arminius, damit er sein Heer rüste, dem heranrückenden Feind entgegenzuziehen.

(NACH BECHSTEIN 1853)

Aus späterer Zeit wird berichtet, dass, als der Schellenberg in den Besitz der Grafen von Pyrmont kam und diese darauf ein festes Haus bauten, sie es dem heiligen Apostel Peter zu Ehren „Petrimons“ nannten. Daraus wurde deren Stammname abgeleitet. Aus „Petrimons“ wurde schließlich „Pyrmont“ dasselbe genannt.

Die Burg in Rischenau

Früher stand in Rischenau eine Burg, die von den Grafen von Schwalenberg im Grenzbereich zu Everstein, Corvey und Paderborn errichtet wurde. Sie befand sich auf dem Burgberg und die Stelle ist noch heute zu erkennen. Im Jahr 1280 wurden Rischenau die Stadtrechte verliehen. Hier nun eine kleine Geschichte, die zeigt, wie sich aus dem Aberglauben Sagen und Spukgeschichten entwickeln können:

Immer wenn es Abend wird und die Nacht hereinbricht, geschehen auf dem Burgberg merkwürdige Dinge. Es wird erzählt, dass sich dann dort der Teufel herumtreibt. Er trägt ein weißes Kleid und eine Zipfelmütze auf dem Kopf. Andere wissen auch zu berichten, dass es unter der Burg einen unterirdischen Gang gibt.

(NACH SCHWANOLD/WIEMANN O.J.)

Das Schwalenberger Stadtwasser

Anfang des 13. Jahrhunderts war Graf Volkwin III. von Schwalenberg einer der übelsten Raubritter seiner Zeit. So war er wohl auch an der Ermordung des Erzbischofs Engelbert von Köln beteiligt und soll zur Sühne um 1230 das Kloster Burghagen bei Schwalenberg erbaut haben, das im Jahr 1246 nach Falkenhagen verlegt wurde. Zur gleichen Zeit (etwa 1228) verließen die Schwalenberger Grafen ihren bisherigen Stammsitz, die Oldenburg, und errichteten die jetzige Schwalenburg. Um diese neue Burg herum entstand auch eine Siedlung, in der wohl zunächst die Burgmannen des Grafen lebten. Von einer Gründungsurkunde der Stadt ist bisher nichts bekannt. Nachdem 1322 der letzte Schwalenberger Graf gestorben war, erlosch dieses Geschlecht und der Edelherr Simon I. zur Lippe erwarb die Hälfte der Grafschaft Schwalenberg und erweiterte damit seinen territorialen Machtbereich erheblich. Aus der Gründungszeit der Stadt ist folgende Sage überliefert:

Als Graf Volkwin die Stadt Schwalenberg gegründet hatte, musste er feststellen, dass es dort an Wasser mangelte. Etwa eine halbe Stunde von der Stadt entfernt sprudelte am Fuße des Mört eine klare Quelle aus dem Boden hervor. Stadt und Quelle trennte jedoch ein tiefes Tal und niemand verstand es, das Wasser durch das Tal hindurch in die Stadt zu leiten. Nun sann der Graf nach einer Lösung für das Problem. Auf seiner Burg hatte er zwei Gefangene im Verließ sitzen, die auf ihre Strafe für einen schweren Mord warteten. Er versprach ihnen Straferlass und die Freiheit, wenn es ihnen gelänge, das Wasser der Quelle zur Stadt zu leiten. Die beiden Gefangenen nahmen das Angebot an und schritten unverzüglich zur Tat. In einem weiten Bogen leiteten sie das Wasser am Fuß der Berge entlang zur Stadt. Nachdem ihnen das geglückt war, schenkte ihnen Graf Volkwin nicht nur die Freiheit, sondern auch noch acht Hufen gutes Ackerland.

(NACH SCHWANOLD/WIEMANN O.J.)

Die Burg Schwalenberg

In dieser Geschichte werden Gefangene als Erbauer der Wasserleitung genannt. Es spricht jedoch vieles dafür, dass diese beachtliche Ingenieursleistung von den Zisterzienserinnen des Klosters Burghagen vollbracht wurde. Der Orden der Zisterzienser war im Mittelalter für sein Können in der Wasserbautechnik bekannt.

Die Waldkapelle bei Schwalenberg

Um abgelegene Orte und Kirchen im Wald ranken sich viele kleine Geschichten. Die beiden folgenden erinnern an die alttestamentliche Geschichte von Lots Weib und die Folgen, wenn man sich nicht an die Gebote hält.

In der Nähe von Weißenfeld bei Schwalenberg sind im Wald versteckt die Reste einer kleinen Waldkapelle zu sehen. Eine Frau aus Schwalenberg, die einst hier Holz suchte, sah in der Kapelle einen Mann mit einem Buch in der Hand umhergehen. Der Mann sprach sie an und sagte, sie solle fortgehen und sich nicht umsehen, was die Frau denn auch tat.

Neben der Kirche in Schwalenberg steht ein Haus, in dem früher eine Frau mit Namen Kloos wohnte. Einstmals, in der Weihnachtsnacht, hörte sie um zwei Uhr die Glocken der Kirche läuten. Im Glauben, dies sei der Ruf zur Frühmesse, ging sie zur Kirche. Als sie eintrat, sah sie einen Mann mit einem Gesangbuch in der Hand in der Kirche umhergehen. Er sagte zu ihr, sie solle schnell fortgehen und sich nicht umsehen. Beim Weggehen sah sie sich aber trotzdem um und war am anderen Morgen tot.

(NACH SCHWANOLD/WIEMANN O.J.)

Die Herlingsburg bei Schieder

Die fränkischen Reichsannalen berichten, dass Karl der Große im Jahr 784 in der „villa Liuhidi" nahe der „Skidrioburg" während einer Heerfahrt gegen die Sachsen sein erstes Weihnachtsfest auf sächsischem Boden beging. Heute ist der ursprüngliche Name der Burg untergegangen und sie ist nun als „Herlingsburg" bekannt. Dieser Name erschien erstmals in einer Grenzbeschreibung des Jahres 1463 der Edelherren zur Lippe und der Grafen von Pyrmont. Die Herlingsburg ist auf einem freistehenden Bergplateau gelegen und zählt zu den ältesten Wallburgen in der Region. Funde aus dem 3. vorchristlichen Jahrhundert weisen auf ihr hohes Alter hin. Die Burg wurde auch in den folgenden Jahrhunderten von den dort siedelnden Menschen als Fluchtburg und später in den Sachsenkriegen Karls des Großen als Wehranlage zur Kontrolle der Verkehrswege genutzt. Bemerkenswert ist, dass die alte Territorialgrenze zwischen den Fürstentümern Lippe und Waldeck-Pyrmont mitten durch die Herlingsburg verlief. Die folgende Sage wurde überliefert:

Auf der Burg lebten einst zwei Brüder, die, ihren Göttern treu ergeben, tapfer gegen den christlichen Frankenkönig Karl kämpften. Im Kampf gegen die Eindringlinge waren sie zwar vereint, im Herzen jedoch trennte sie ein unerbittlicher Hass gegeneinander. Der Grund für diese Rivalität war ein schönes Sachsenmädchen, das sie beide sehr lieb hatten und begehrten. Die Liebe zu dem Mädchen hatte sie zu Todfeinden gemacht. Während eines Heerzuges gegen die Sachsen belagerte Karl der Große nun die Skidrioburg und konnte sie lange nicht einnehmen, weil sie so fest gebaut und tapfer von den Sachsen verteidigt wurde. Als nun das Weihnachtsfest nahte, ließ der König die beiden Brüder einladen, mit ihm gemeinsam Weihnachten zu feiern. Sie kamen der Einladung nach und hörten zum ersten Mal die frohe Botschaft von der Geburt des Heilands und von der Liebe Gottes. Dadurch wurde ihr Herz so ergriffen, dass sie sich versöhnten und auch den Kampf gegen Karl und den christlichen Glauben aufgaben.

(NACH SCHWANOLD/WIEMANN O.J.)

Die Rodenstatt bei Brakelsiek

Die Rodenstatt ist eine Wallanlage, vermutlich aus der Zeit der römischen Eroberungskriege. Ihre Aufgabe bestand wahrscheinlich darin, als Volksburg der örtlichen

An der Herlingsburg

Bevölkerung Zuflucht in unsicheren Zeiten zu geben. Von einem mächtigen Ringwall umgeben, liegt die Rodenstatt oberhalb des Dorfes Brakelsiek auf dem Adamsberg am Rande des Mörths. Von den steinernen Wällen ist nicht mehr viel zu sehen, da sie in früheren Jahrhunderten zum großen Teil von den Bewohnern der benachbarten Dörfer als Steinbruch zur Gewinnung von Baumaterial benutzt wurden. Vom im nebelhaften Dunkel der Geschichte liegenden Ursprung der Rodenstatt ist hier die Rede:

Auf dem Adamsberg bei Brakelsiek, der sich nach dem hohen Mörth hinzieht, liegen die Reste einer alten Burg, die die Rodenstatt genannt wird. Einst soll es hier einmal eine Stadt gegeben haben, in der Menschen wohnten, die ihren Göttern Menschenopfer darbrachten. Von dem Blut der Opfer getränkt, gab der blutrote Boden schließlich der Burg den Namen „Rodenstatt".

In alter Zeit lebten in den Wällen der Rodenstatt und auf dem Stoppelberg bei Steinheim Riesen. Die Riesenfamilien lagen nun häufig im Streit und haben dabei große Steine von Berg zu Berg geworfen.

(NACH SCHWANOLD/WIEMANN O.J.)

4.

NACHWORT

Zum Abschluss dieses Streifzuges durch die Geschichte und die damit verbundenen Geschichten möchte ich mit den Worten der Brüder Grimm enden:

„Es war einmal …“ ein Autor, der mit diesem Buch und seiner Auswahl an Sagen, Märchen und kleinen Geschichten versuchte, einen Überblick zu geben. Trotz aller Bemühungen, allen Orten, Städten und Gemeinden in Lippe gerecht zu werden und die jeweiligen Besonderheiten zu berücksichtigen, musste an einigen Stellen etwas weggelassen und ausgewählt werden. Es war mein Wunsch, insbesondere die weniger bekannten Geschichten aufzunehmen, um ihnen den Raum und die Beachtung zu schenken, die sie – wie ich meine – verdienen. Vielleicht ist es ja gelungen, das Interesse und die Neugier zu wecken oder aber einfach nur ein kleines „Feuer“ für die alten Geschichten beim Leser zu entfachen; möglicherweise konnte sogar ein Tor in die fantastische Welt der Geschichtenschreiber und Märchenerzähler geöffnet werden, um so dem Leser die Möglichkeit zu geben, die verborgene, fast vergessene Welt der Fantasie wiederzuentdecken. Wenn das geschehen ist, dann hätte sich mein Wunsch in diesem „Märchen“ mehr als erfüllt.

5.

ÜBERSICHT DER MÄRCHEN, SAGEN UND GESCHICHTEN

Märchen

Das Lämmchen und Fischchen
De drei Vügelkens
Die drei Vögelchen (hochdeutsche Übersetzung von „De drei Vügelkens)
Die drei Spinnerinnen

Sagen und Geschichten

Die Sage von der Strafe Gottes	(Lippstadt)
Die Mantelanekdote	(Lippstadt)
Die Senne	(Senne)
Die Armen in der Senne	(Senne)
Die Rauhnächte und die wilde Jagd	(Senne)
Der weiße Senner, Wodans Ross	(Senne)
Der Rufkerl	(Senne)
Der alte Bertold	(Teutoburger Wald)
Die Mordkuhle	(Teutoburger Wald)
Der ewige Fuhrmann	(Teutoburger Wald)
Nachtgesicht im Lippischen Wald	(Teutoburger Wald)
Der herumziehende Jäger	(Teutoburger Wald)
Die Füße der Zwerge	(Teutoburger Wald)
Wodans Auge	(Schlangen; Teutoburger Wald)
Die alte Kirche von Kohlstädt	(Kohlstädt)
Die Höhlen bei Kohlstädt	(Kohlstädt; Veldrom)
Die Schatzgräber im Spellerberg	(Veldrom)
Halt den Mittelweg!	(Teutoburger Wald; gesamte Region)
Teufelssagen von den Externsteinen (Nr. 1–5)	(Horn; Teutoburger Wald)
Die Hornsche Bürgertreue	(Horn)
Der Hirschsprung	(Berlebeck)
Der Falke und die Schwalbe	(Berlebeck)
Der Herr von Hammerstein	(Hornoldendorf)

Die Nusskerne oder Das Fräulein von Willberg (Wehren; Meinberg)
Der Königsberg und Heiligenkirchen (Heiligenkirchen; Detmold)
Die weiße Frau (Detmold)
Der Mäher in der Mühlenwiese (Detmold)
Der Meier zu Hiddesen und der Zwerg (Hiddesen)
Der angeführte Teufel (Oerlinghausen)
Der Hermannsberg (Stapelage)
Die Riesen vom Vierenberg (Salzuflen; Oerlinghausen)
Der Name der Stadt Salzuflen (Salzuflen)
Seligenwörden (Salzuflen)
Wie die Kirche in Salzuflen zu ihrem Hahn kam (Salzuflen)
Der Salzufler Galgen (Salzuflen)
Das Abendläuten in Salzuflen (Salzuflen)
Der Hund im Steinbecker Holz (Salzuflen)
Wittekinds Taufe (Lipperland)
Das Gastmahl zu Paderborn (Lipperland)
Der Bonstapel (Talle)
Der Farrnsamen (Bergkirchen)
Hackelblock (Bergkirchen)
Die Traumquelle (Niederntalle)
Das Schatzfeuer (Talle)
Das Mädchen von Talle (Talle)
Eine Geistersage (Talle)
Der Geometer von Westorf (Westorf; Hohenhausen)
Der Bentorfer Schimmel (Bentorf)
Der Schäferstreit bei Stemmen (Stemmen; Kalletal)
Die Ochsenkuhle bei Rott (Rott; Extertal)
Sagen von der Uffoburg (Extertal; Bremke; Meierberg)
Kartenspiel am Sonntag (Almena)
Amelungen (Barntrup)
Die Teufelsmühle auf dem Saalberg (Barntrup; Sonneborn; Alverdissen)
Der Zwerg Anton (Alverdissen)
Der Jungfernborn (Alverdissen)
Der Name von Bösingfeld (Bösingfeld; Extertal)
Geschichten vom letzten Riesen (Bösingfeld; Goldbeck)
Der Brunnen zu Sternberg (Extertal)
Der ewige Fuhrmann (Kalletal; Extertal)
Die Haferstraße in Lemgo (Lemgo)
Sagen von Berndken van Golen (Lemgo; Mossenberg)
Der letzte Hexenprozess (Lemgo)
Der Kirchenbau (Lemgo; Schötmar)
Die alte Blomberger Wasserleitung (Blomberg)

Im seligen Winkel	(Blomberg)
Die Blomberger Langohren und die Blomberger Laterne	(Blomberg)
Der Wartturm auf dem Dickenberg bei Blomberg	(Blomberg)
Der Nesselberg	(Blomberg)
Mossenberger Geschichten (Nr. 1–4)	(Mossenberg)
Die Schlacht am Finkenborn	(Lügde; Sabbenhausen)
Der Köterberg	(Lügde; Köterberg)
Die Springwurzel	(Lügde; Köterberg)
Die Riesen vom Schildberg und vom Osterberg	(Lügde; Emmertal)
Die feurigen Rosen	(Lügde)
Die Ampel auf dem Kirchhof zu Lügde	(Lügde)
Das verwünschte Kirchlein	(Lügde; Emmertal)
Schwester Irmgard	(Lügde)
Der Kampf der Toten	(Lügde; Pyrmont)
Schell-Pyrmont	(Lügde; Pyrmont)
Die Burg in Rischenau	(Rischenau)
Das Schwalenberger Stadtwasser	(Schwalenberg)
Die Waldkapelle bei Schwalenberg	(Schwalenberg)
Die Herlingsburg bei Schieder	(Schieder)
Die Rodenstatt bei Brakelsiek	(Brakelsiek)

6.

QUELLENANGABEN UND LITERATURVERZEICHNIS

Albrok, S.: *Sage vom Externsteine*. In: *Wünschelruthe Nr. 12*, 1818. Hg.: Straube, H. und Hornthal, J.P. Vandenhoeck und Ruprecht. Göttingen 1818.

Arndt, E.M.: *Mährchen und andere Jugenderinnerungen. Erster Theil*. 1. Auflage. Realschulbuchhandlung. Berlin 1818.

Bechstein, L.: *Deutsches Sagenbuch*. Verlag von Georg Wigand. Leipzig 1853.

Frantzen, E. (Hg.): *Monumenta Livoniae Antiquae*. Erster Band. Verlag von Eduard Frantzen's Buchhandlung. Riga, Dorpat und Leipzig 1835.

Görich, K.: *Friedrich Barbarossa. Eine Biografie*. C.H. Beck Verlag. München 2011.

Grässe, J.G. Th.: *Sagenbuch des Preußischen Staats*. 1. Band. Glogau 1868.

Brüder Grimm: *Kinder- und Hausmärchen*. 1. Auflage. Realschulbuchhandlung. Berlin 1812 (Bd. 1) und 1815 (Bd. 2).

Brüder Grimm: *Kinder- und Hausmärchen*. 2. Auflage. G. Reimer. Berlin 1819.

Brüder Grimm: *Kinder- und Hausmärchen*. Große Ausgabe. Band 3. 3. Auflage. Dieterich. Göttingen 1856.

Brüder Grimm: *Deutsche Sagen*. Band 1. Nicolaische Buchhandlung. Berlin 1816.

Grimm, J. u. W.: *Deutsche Sagen. Mit einer Abbildung der Sage*. Nach W. v. Kaulbach. Band 1–2. 2. Auflage. Nicolai. Berlin 1865.

Grimm, J. u. W.: *Kinder- und Hausmärchen*. 7. Auflage. Dieterich. Göttingen 1857.

Kuhn, A.: *Sagen, Gebräuche und Märchen aus Westfalen und einigen anderen besonders der angrenzenden Gegenden Norddeutschlands*. Brockhaus. Leipzig 1859.

Lanius, R.: *Der Hund im Steinbecker Holz. Nacherzählt von Robert Lanius*. In: *Heimatland Lippe*. Zeitschrift des Lippischen Heimatbundes und des Landesverbandes Lippe. 75. Jahrgang, Nr. 9. Detmold 1982.

Paetow, K.: *Die schönsten Wesersagen an der Märchenstraße von Kassel bis Bremen*. 6. Auflage. Adolf Sponholtz Verlag. Hameln 2004.

Pöhler, Th.: *Sagen und Legenden des Paderborner Landes*. Verlag der City-Buchhandlung Linnemann Paderborn. Paderborn 1986.

Schwanold, H., Wiemann, A.: *Aus Niedersachsens Sagenborn. I. Teil: Mittelweserland*. Niedersächsische Heimatbücher. 2. Reihe. Bd. 6. Verlag von Georg Schade. Bad Salzuflen o.J.

Seiler, J.: *Volkssagen und Legenden des Landes Paderborn*. Verlag der J. Luckhardt'schen Buchhandlung. Cassel 1848.

Weerth, G.: *Die Armen in der Senne*. In: **Püttmann, H. (Hg.)**: *Deutsches Bürgerbuch für 1845*. Verlag C.W. Leske. Darmstadt 1844.

Wilbertz, G.: *Hexenverfolgung und Biographie. Person und Familie der Lemgoerin Maria Rampendahl (1645–1705).* In: *Hexenverfolgung und Regionalgeschichte. Die Grafschaft Lippe im Vergleich*. Hg. v. G. Wilbertz, G. Schwerhoff und J. Scheffle. Verlag für Regionalgeschichte. Bielefeld 1994.

7.

ANMERKUNGEN ZU DEN TEXTEN

Orthografie und Interpunktion der Märchen und Geschichten wurden, bis auf wenige Ausnahmen, dem heutigen Stand angepasst, grammatische und lautliche Eigentümlichkeiten blieben jedoch – soweit sinnvoll – erhalten. Unter Beachtung der inhaltlichen Texttreue und der überlieferten geschichtlichen Ereignisse wurden die Sagen wegen des besseren Verständnisses und der leichteren Lesbarkeit neu erzählt.

Bitte beachten Sie auch die folgenden Buchhinweise.

Die Heimat entdecken!

Von Kiel bis Wien,
von Aachen bis Görlitz:
Entdecken Sie Alltagsgeschichten
aus Ihrer Heimatstadt!

Leben in der Großstadt …

Tauchen Sie ein in das quirlige Großstadtleben vergangener Tage. Spazieren Sie über breite Boulevards und stürzen Sie sich ins Nachtleben. Erkunden Sie ihre Stadt durch die Fensterscheiben einer Straßenbahn oder des ersten Käfers und bewundern Sie prächtig geschmückte Schaufenster.

Erinnerungen an die Schulzeit …

Erinnern Sie sich noch an die Zeiten von Abakus und Schiefertafel, an Klassenausflüge oder den ersten Taschenrechner? Blicken Sie zurück auf große Klassen und gestrenge Schulmeister, entdecken Sie auf Klassenfotos Freunde und Bekannte von früher!

… und das Arbeitsleben

Entdecken Sie, wie sich das Arbeitsleben in den letzten hundert Jahren verändert hat. Werfen Sie einen Blick in Fabrikhallen, blicken Sie Handwerksmeistern bei ihrer Arbeit über die Schulter und erinnern Sie sich an den Einkauf im Tante-Emma-Laden.

Gesellige Stunden im Verein …

Fußballclub und Schützenverein, Musikkapelle und Gesellenverein: Schauen Sie zurück auf Volksfeste und Turniere, Chorproben oder Prunksitzungen. Erinnern Sie sich an schöne Stunden und das gesellschaftliche Leben in Ihrer Heimat.